新米社長・夢子

ゼロからはじめる会社の税務

カリスマ税理士・エリカが教える
税金ストーリー

税理士
冨永英里
Eri Tominaga

KKベストブック

●プロローグ
「砂の上のお姫様」

彼女の名前は星野夢子。年齢は27歳。現在、株式会社オーガニックママの社長である。

大学時代の同級生ヒロシと3年前に起業した。ヒロシとはプライベートでも意気投合して、同じく3年前に結婚し、現在、3歳になるひとり息子がいる。

社長としての夢子の役割は「広告塔」だった。

アイドルだって「ママ」を売りにする時代。

「働く女性」「ママ」「妻」「エコで優雅なオーガニックライフ」ｅｔｃ……

〈若い女性が憧れる理想のママ〉——それが夢子のウリであった。

「わたしも夢子さんのようになりたい！」

そういうファンも少なからずいた。

夢子はそんな自身の立ち位置を、「それほど悪くない」と思っていた。

今日もいつもと変わらぬ日常が続く……。

夢子自身、きっとそう思っていたに違いない……。

【会社概要】

株式会社　オーガニックママ

◇売上規模　年商約6000万円

◇事業年度　4月1日～3月31日

☆資 本 金　1000万

☆株　主　星野夢子

☆役　員　星野夢子（代表取締役）

☆従業員　経理担当　実野数代ほか店舗はアルバイト
夢子社長が営業及び経営全般を担当
（かつては夫ヒロシが経営全般を掌握）

〈業務内容〉

・オーガニック製品(野菜、雑貨)の小売販売
・個人売りと法人売り（保育園や幼稚園、インターナショナルスクールなどとも取引がある）

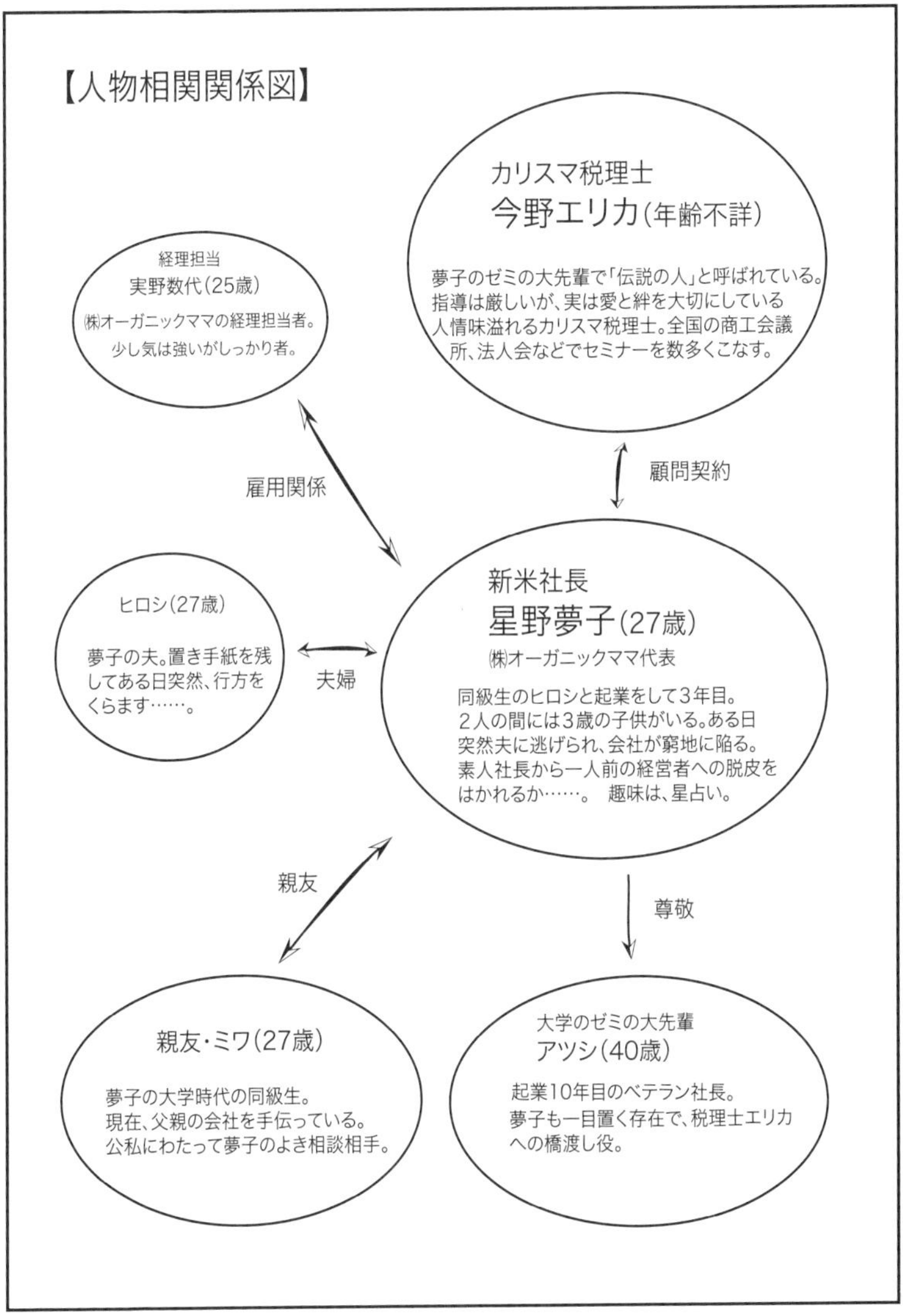
【人物相関関係図】
カリスマ税理士
今野エリカ（年齢不詳）
夢子のゼミの大先輩で「伝説の人」と呼ばれている。
指導は厳しいが、実は愛と絆を大切にしている
人情味溢れるカリスマ税理士。全国の商工会議
所、法人会などでセミナーを数多くこなす。
経理担当
実野数代（25歳）
㈱オーガニックママの経理担当者。
少し気は強いがしっかり者。
雇用関係
顧問契約
ヒロシ（27歳）
夢子の夫。置き手紙を残
してある日突然、行方を
くらます……。
夫婦
新米社長
星野夢子（27歳）
㈱オーガニックママ代表
同級生のヒロシと起業をして3年目。
2人の間には3歳の子供がいる。ある日
突然夫に逃げられ、会社が窮地に陥る。
素人社長から一人前の経営者への脱皮を
はかれるか……。 趣味は、星占い。
親友
尊敬
親友・ミワ（27歳）
夢子の大学時代の同級生。
現在、父親の会社を手伝っている。
公私にわたって夢子のよき相談相手。
大学のゼミの大先輩
アツシ（40歳）
起業10年目のベテラン社長。
夢子も一目置く存在で、税理士エリカ
への橋渡し役。

新米社長・夢子　ゼロからはじめる会社の税務

■目　次

第三幕　決　算

第四幕　税務署は敵か味方か？

第五幕　ピンチは神様からの贈り物

装丁／クリエイティブ・コンセプト
写真／冨永英里税理士事務所

第一幕　今そこにある危機

◆エピソード1　3通の手紙

いつものように息子を保育園に送ってから、夢子は8時半に会社に着いた。

夢子が社長を務めるオーガニックママは、有機野菜などの自然食品や、天然由来成分でつくった石鹸や化粧品を一般顧客向けに販売する会社で、東京・港区芝浦に小さな店舗を構えている。店の奥に15坪ほどのオフィスがあり、そこはネット通販や電話での注文に応じて梱包作業をするスペースにもなっている。そのさらに奥に小さな社長室がある。

夢子が社長室に入ると、デスクには茶封筒が束になって置かれていた。

「ああ、昨日は1日中外出していてチェックしていなかったわ。しかし、よくもまぁ、毎日こんなに郵便物が来るわね」

夢子はそうつぶやきながら、束になった封筒を1通ずつ開封していく。

封筒の中身は、そのほとんどが封を開けてから2秒以内にごみ箱行きとなるダイレクトメールだった。

ところがその日は、いつもと違って白い封筒が2通混じっていた。

「あら、何かしら?」

1通目を開封して中身を取り出し、文面をさっと目で追う。

とたんに夢子は胸をきゅーっと押さえつけられるような息苦しさを感じた。

そして、じわーっと手のひらに汗がにじんできた。

それは**【税務署】**からの手紙だった。

内容はなんだかよくわからないけど税金を早く払うようにという**【督促状】**だった。

「えっ？　うちの会社、税金を滞納してるってこと？　いったいヒロシは何をしてたのよ？」

オーガニックママは夢子が資金を出してつくった会社で、役員は代表取締役の夢子1人だけ。

ヒロシは法的には「一般社員」だが、仕入れ先や得意先との折衝、経理などの業務全般をすべて取り仕切っていた。

夢子は急いでもう1通の封を切った。

それは取引先の一つ「株式会社オリオン座」からの**【内容証明郵便】**だった。

《御社に販売した商品代金のお支払いが、お約束の期限から2カ月も滞っております。至急お支払いくださるようお願い致します。1週間以内にお支払いいただけない場合には、しかるべき手段をとらせていただきますので、どうぞよろしくお願い致します》

「ええっ！　オリオン座って言ったら大口の取引先じゃないの！

口コミで人気に火がついたウチで一番の売れ筋の天然化粧水や、１００％オーガニック原料のタオルを卸してもらっているはず。ここと取引が中止になったら大変なことになるわ。**【しかるべき措置】**っていったい何のことかしら？　それにしてもヒロシったら、昨日から家に戻ってきていないけど、一体どうなっているのよ」

夢子は急いでヒロシの携帯に電話をかけてみた。

《おかけになった電話番号は電波が通じないところにあるか、電源が入っておりません……》

「もう、ヒロシったら。なにしてるのよ。もしかするとこれは大変な事態なのかも?!

とにかくヒロシと話をしないと」

胸騒ぎを感じた夢子は、とりあえず家に帰ってみることにした。

駆け足で自宅のあるマンションへ急いだ。

カギを開けるのももどかしく、玄関に飛び込む。

「やっぱり帰ってないか」

部屋に入ると、空気が乾いているせいか、時計の秒針の音だけ耳につく。

会社だけではなく、この家にも何か異変が起こっているのを夢子は咄嗟《とっさ》に感じた。

ふとダイニングテーブルに目をやる。するとここにも「白い封筒」が1通置かれていた。今朝出てくるときはなかったものだ。ということは、ヒロシが一度帰ってきて、「それ」を置いてまた出かけたのだろうか。心拍数が徐々に上がっていくのが、自分でもわかる。夢子はおそるおそる封筒を手に取り、中から1枚の便箋を取り出した。

そこには紛れもないヒロシの筆跡でこう書かれてあった。

《すまない。もう家には帰らない。会社もやっていく自信がなくなった。実はこの間の決算のときに支払わなければならなかった税金を払っていない。そのことで顧問税理士と揉め、昨日付で契約を解除されてしまった。
夢子、この先の会社はおまえに任せる！　新しい税理士を探してうまくやってくれ……》

「えー、なんなのよ、これはーーー」

◆エピソード2　今そこにある危機

3通の手紙によって、夢子は一夜にして、お飾り社長の座からひきずりおろされてしまった。

それだけではない。ビジネスとプライベートの両方のパートナーを一度に失ってしまった。

夢子は呆然と立ちすくむしかなかった。

思えば、会社経営は今まですべてヒロシに丸投げだった。

これから一体何をどうしていいのか、皆目見当がつかない。

ヒロシがいない今、頼りになるのは〈経理の数代〉しかいない。

数代は会社設立のときから一緒に苦労してきた仲間だ。

彼女ならわたしの助けになってくれる。

夢子はそう思った。

数代はこの日、有給休暇をとって休んでいたが、夢子は迷わず、数代の携帯に電話を入れた。

すぐに電話がつながった。

「数代さん、実は重要な相談があるの。お願い、いまから家に来てくれるかしら」

「わかりました。すぐにうかがいます」

数代が来るまでの時間がとても長く感じる。

とりあえず化粧を直そうと洗面台に立った夢子は、鏡に映った自分の顔をみて愕然とした。

「どこからどうみても〈不安〉と〈恐怖〉におののいているバカ女社長の顔だわ」

数代は1時間ほどで駆けつけてくれた。

「ありがとう、数代さん」

リビングのソファーで向かい合う。

夢子は、ヒロシがいなくなったこと、税務署や取引先から支払いの催促がきていることをかいつまんで説明し、今後は自分が、お飾り社長ではなく本当の経営者として指揮をとるので協力してほしいと頭をさげた。

数代はきっと助けてくれる。夢子はそう信じて疑わなかった。

しかし、数代の口からは思ってもいないセリフが飛び出した。

「ご事情は大体わかりました。でもそれは、ヒロシさんと夢子社長の問題ではないのでしょうか?」

とたんに部屋の空気が凍りついた。

「急にわたしに頼られても困ります。いままで全然、頼りにされていなかったのに……。

わたし、ヒロシさんには日頃言っていたんです。

『もっとわたしを信頼して、お金回りの細かいところだけでなく、経理全般を任せてほしい』って。でも肝心なところはヒロシさんがいつも一人で処理していました。

わたしだって、会社の資金繰りがうまくいってないことには薄々気づいてました。

会社を設立して以来の仲間として、お二人の役に立ちたかった。いつも歯がゆい気持ちでいました。そんなわたしの気持ちを夢子社長だって知っていたはずです。ヒロシさんがいなくなったので急に協力してくれと言われても……。虫がよすぎるんじゃないですか」

数代はソファーから立ち上がると、夢子の目をまっすぐ見ながらこう言った。

「わたし、来月で会社を辞めさせていただきます。それじゃあ失礼します」

踵を返して玄関に向かう数代の後ろ姿を、夢子はただ茫然と眺めるしかなかった。

◆エピソード3　親友からの電話

「わたしは、ヒロシだけじゃなく数代にも見捨てられるんだわ」

夢子が途方に暮れているところで、浮かれたメロディーが響いた。

携帯電話のメールの着信音。

大学時代の同級生で〈親友のミワ〉からだった。

《ねえねえ、表参道にすっごく素敵なオーガニックのお店ができたらしいよ。

　情報交換もかねてランチしに行こうよ！　ちなみに今日なんかどう？》

　こんなときに能天気なメールをよこしてくるミワに、夢子は一瞬怒りを覚えた。

「……ったく。タイミングの悪い女だわ。なんでこんな一大事のときにメールなんか送ってくるのよ！！」


　ミワは大学を卒業した後、就職はせずに、ずっと父親が経営する会社を手伝っている。

　ゆくゆくは自分が社長になって婿養子をとるという話になっているらしく、会社の経営にもちょいちょい口を挟んでいる。

　夢子の頭の中で何かがひらめいた。

「ん？　このメール、むしろいいタイミングだったのかもしれないわね。

　よーーし、ミワに相談してみよう！

　親の会社の経営に口出すくらいだし、彼女ならきっといいアドバイスをくれるはずだわ」

　夢子は藁《わら》にもすがる思いでミワにメールを返し、その日の昼に一緒にランチをする約束をした。

◆エピソード4　一筋の光

「ふーん、わたしはアンタにとっての『ワラ』ってわけか。夢子にワラ程度の価値しかないと思われたのはなんか心外だわ。でもまぁー、きっとアンタも気が動転していたんでしょ。だから許して、あ・げ・る」

「ゴメン。言葉のアヤよ」

「まあ、いいわ。事情はだいたいつかめた。だけどわたし、お金の計算は苦手なの。たぶん夢子の力にはなれそうもないわ」

夢子の表情がみるみる曇っていく。

「でもね、夢子にピッタリの相談相手がいるわよ」

ミワは足を組みかえ、身体をテーブルに乗り出す。

「ほら、昔、大学のゼミの先輩で『エリカ先輩』っていたでしょ?」

「エ、エ、エリカ先輩?　もしかして、あ、あの〈伝説のエリカ先輩〉?」

「そうそう。あの伝説のエリカ先輩よ。彼女が税理士になったのは、夢子も知ってるわよね」

「え、ええ」

「それに最近は経営コンサルタントとしても活躍しているって記事を、この前雑誌で読んだわ」

「そりゃあ、伝説のエリカ先輩になら相談してみたいけど。私にはなんとなく敷居が高いなあ」

「大丈夫、ほらゼミでよくお世話係をしてくれていた〈アツシ先輩〉っていたでしょ？
彼は30歳のときにＩＴ会社を起業して、いまでは経営10年のベテランよ。
そのアツシ先輩、前に会ったときにたしか、『エリカに顧問税理士をお願いしている』って言ってたのよ。アツシ先輩経由でエリカ先輩に相談してみたらどうかしら？」

「そっか、アツシ先輩経由なら私も頼みやすいし。
　さすがミワ。やっぱり持つべきものは友達ね。ありがとう」

　四面楚歌だった夢子に、一筋のかすかな希望の光が差した瞬間だった。

◆エピソード5　伝説の先輩、エリカ税理士

その場で夢子がアッシ先輩の携帯に電話をいれると、すぐに本人が出た。

「わかった。可愛い後輩の頼みだ。折り返すからちょっと待っててくれ」

10分もしないうちにアッシから電話がかかってきた。

「エリカに事情を話した。急ぎなら、今日の夜に特別に時間をつくると言っている。夜の10時に事務所に来てくれってさ」

もちろん夢子に異存はない。その晩、夢子はミワに子守を頼んで、エリカの事務所を訪ねることにした。エリカの事務所は都心のマンションの一室にあった。都会のど真ん中なのに、緑も多くて閑静な場所だ。夢子はこれまでゼミのOB・OG会でエリカを何度か見かけたことはあったが、会話を交わしたことはもちろん、面と向かって顔を合わせたこともない。

緊張しながらドアのチャイムを鳴らす。

ドアが開き、伝説のエリカ先輩が目の前に現れた。

「どうぞ入って」

エリカと目を合わせた瞬間、夢子は強いオーラのようなものを感じた。

しかしそれは、人を寄せ付けないバリアのようなものではなく、何でも包み込んでしまう温

かさに溢れていた。

夢子は、この日1日に起こった出来事を包み隠さず説明した。

一通り話し終わると、それまで黙って聞いていたエリカがゆっくり口を開いた。

「それで、夢子さんはこれから自分の会社をどうしたいの？」

「わたしは今まで、社長といっても名ばかりで、すべて夫のヒロシに任せっきりでした。そのヒロシが突然姿を消してしまったんです。本当は、何をおいてもヒロシを探し出したい。でも今、自分が優先させなくちゃならないのは、ヒロシではなく、会社です。今までは砂の上に築いたお城に住んでいるお姫様だったけど、もっと地に足をつけた経営者になりたいんです！」

「そうね。話を聞いたかぎりでは、今までは確かに〝おままごと経営〟だったわね。

いい夢子さん、人生には必要なことしか起こらないの。

あなたが今こんなピンチに立たされたのは、あなたが経営者として本当に勝負をしなきゃいけない時期がきたということだと思うの」

「エリカ先輩、お願いです。私に経営のこと、会計や税金のことを教えて下さい」

「それは構わないけど、わたしは、普通の税理士とはちょっと違うわよ」

「……」

「税理士というのは聞けば何でも教えてくれる先生みたいなものだと、あなたはもしかしたら思っているかもしれないけど、わたしは、聞かれたら答えるだけの税理士じゃないの。本来、税理士は経営者を育てることが使命だと思うの。

もちろん必要な専門知識は教えるわ。でも、税理士をわからないことを丸投げできる外注先として考えてもらったら困ります。わたしは魔法のランプのアラジンでもないし、ドラえもんでもないのだから。

まあ、1年わたしとつきあえば、今言ったことの本当の意味がわかるようになると思うけど。どう？　夢子さん、そんなわたしと付き合っていく気はあるかしら？」

◆エピソード6　顧問契約

夢子は考えた。

言われてみれば確かに、エリカ先輩の言うとおり、いままで私は「おままごと経営」しかやってこなかった。

子育てが大変だろう、お金の管理は大変だろうとヒロシが全部やってくれていた。

それに甘えて私は経営者としての務めをこれまで何も果たしてこなかった。

その結果、経理の数代の信頼も失った。

いま私がやらなければならないのは「自分で勉強する」こと、「自分からすすんで動く」こと。

やっぱり、エリカ先輩は伝説の先輩だ。

わたしの本当の味方になってくれる人かもしれない——。

「わかりました、エリカ先輩。わたし、一人前の経営者になれるよう頑張ります。どうかよろしくお願いします」

「夢子さん、一緒に頑張っていきましょう。あと、これからは〈先輩〉っていう呼び名はちょっとまずいわね……」

「では、エリカ先輩じゃなくて、【エリカ先生】と呼ぶことにします。

わたしは、〈夢子《ゆめこ》〉という名前が、会社のブランド戦略にもなっているので、夢子でお願いします」

「んー。でもやっぱり【夢子社長】と呼ぶことにするわ。

社長という呼称をつけることで、あなたに常に社長の自覚をもってもらうという意味も込めてね（笑）」

こうして夢子は、名実ともに社長となるべく、伝説のカリスマ税理士、【今野《いまの》エリカ】と顧問契約を結んだのである。

第二幕　覚　悟

（会社をとりまく税金と日々の会計と税金の処理）

◆エピソード7　すべては現状分析からはじまる

翌日、エリカは朝8時半に「オーガニックママ」にやってきた。

「夢子社長、これから貴女を一人前の社長にするためのコンサルティングをはじめます。

最初は、会社経営に必要な**【税金】**を中心とした講義です。

〈会社の税金〉を把握するには、その前提として、**〈会社の決算書の仕組み〉**を知らなければなりません。

だから、基礎知識として会社の会計、簿記や経理処理についても説明していきます」

「はい。エリカ先生、よろしくお願いします」

「いい、『お金』というフィルターを通して会社の業務を見るのはとても大切なことなの。

それができるようになれば、一人前の社長としての基礎ができるでしょう。

夢子社長には、頭と手、どちらも動かしてもらうわ。だからときには宿題も出します。

それはわたしが、自分の税理士としての仕事を夢子社長に押し付けるということじゃなくて、自分の手でやらなければ経営者として磨かれない部分があるからです。

ちょっと時間的にきついかもしれないけど、これは必ず結果の出る方法です。

しっかりとついてきてくださいね」

「はい、今までの怠慢、丸投げを反省して自ら動くように頑張ります！」

「まずは、〈**現状分析**〉をしましょう。今、緊急事態として起こっていることは何かしら？」

夢子は税務署から送られてきた**【お尋ね】**と、大口取引先の株式会社オリオン座からの**【内容証明郵便】**を差し出した。

エリカはまず税務署のほうの書類を開けた。

「これは**【法人税】**についてのお尋ねです。ところで会社の決算期はいつ？」

「3月末です」

「ということは、5月末までに会社の決算書と税務申告書を作って税務署に出したはずだわ？

そのときに申告した税金を納めていないということね」

エリカはビジネスバックから小さな書類を取り出した。

「湾岸税務署と湾岸都税事務所の納付書をもってきました。夢子社長、税務申告書一式を用意してください」

夢子が税務申告書一式を渡すと、エリカはそれをパラパラとめくってから言った。

「支払う税金は、**【法人税】**・**【法人事業税】**・**【法人住民税】**、そして**【消費税】**ね」

（なに?なに？　会社が払う税金っていったいいくつあるのよ？）

きょとんとしている夢子に、

「詳しい説明はあとでするわ」

と言ってから、エリカは手際よく納付書に数字を書き入れた。

納付書に書かれた金額は合計すると約１００万円ほどだった。

「これを持って今すぐ銀行へ行って、払ってきてください」

夢子はエリカから納付書を受け取ると、通帳を持って銀行へ急いだ。

◆エピソード8　税金の滞納とペナルティについて

銀行は空いていたので、すぐに受け付けてもらえた。

夢子は窓口で支払いを済ませると、15分ほどでオフィスに戻ってきた。

「夢子社長、では**【税金の滞納】**について説明するわね。

税金は**法定期限までに申告・納付しないと、本来納めるべき税金とは別に、ペナルティを課せられます。災害にあったなどの正当な理由がないのに納期限までに税金を納付しない場合には、財産を差し押さえられたりする**こともあります。経営者として〈知らなかったです。ごめんなさい〉ではすまされないの。要するに社会のルールを守らないと、レッドカードを出されるということね。あとで税務署と都税事務所から延滞金などの支払い要請が来ると思うけど、今回は反省してちゃんと払うようにしてください」

夢子は、ヒロシに対して恨み言のひとつも言いたかった。

でも社長は自分。恨み言は飲み込むしかなかった。

それでも、手続きを一つ済ませたことで、前の日からずっと感じていた漠然とした恐怖感から解放された気がした。

心の中でホッと安堵の息をつく。

「ほらほら夢子社長、息をつくのはまだ早いわよ。次は株式会社オリオン座からの**【内容証明郵便】**についても対応しないと」

そうだった。

株式会社オリオン座からは多くの商品を仕入れている。

いま取引中止になったら会社の一大事だ。

「夢子社長、まずはこの督促状に書かれてある金額が正しいかどうか。確認します。経理は数代さんという人だったわね？　彼女に協力してもらい、オリオン座に出した注文書、オリオン座からの請求書、納品書などの書類を確認して」

数代が該当する書類を持ってきた。

「この内容証明郵便に書かれている金額のとおりです。

内容証明が届く前に何度も商品代金の支払いのことで電話がかかってきたので、内容も金額も耳がタコになるくらい何度も聞いています。間違いありません」

　数代はそう言って夢子の顔をちらっと見た。

「社長のあなたがしっかりしないから経理の私がこんな目に遭うんじゃないのよ！」と責めているような目だった。

　数代が今月末で辞めてしまうことを、エリカは夢子から聞いて知っていた。

「数代さん、はじめまして。今日からこちらの会社の顧問税理士となった今野エリカです。夢子社長から数代さんのことはお聞きしています。いろいろとご苦労をされたようですね。お辞めになるのは残念です。でも、来月まではあなたもこの会社の重要なスタッフの一員です。どうか協力していただけませんか？」

　数代は黙ったままだ。エリカが続ける。

「確かに夢子社長は、今までヒロシさんや数代さんに頼りきりでした。こうなったのもいわば自分の依存心がまいた種だと反省しているようです。ヒロシさんが不在の今、頼りになるのは数代さんしかいないのです。税務の知識などでわたしは力になることはできますが、それだけでは不十分です。会社の現場をご存じの数代さん、あなたの力が必要なのです」

　エリカの真剣な眼差しを見て、数代も心に響くものがあったようだ。

「わかりました。できる限りの協力はさせていただきます。ところで、さきほど税金を支払ったようですが、このあとオリオン座への未納分を支払ってしまうと、今月末のお給料や家賃、取引先への買掛金の支払いができなくなります。何か早急に手を打たないと……」

数代の言葉を聞いて、夢子は背筋が寒くなる気がした。

次々に知らないことが出てくる。

エリカは思った。

（月末の支払いまであと10日ほどしかないわ。銀行から借りるにしても時間がない。定期積金を解約し、それを支払いの原資に充てたほうがいいかもしれない……）

エリカは数代の目を見ながら言った。

「わたしと夢子社長でこれから善後策を検討します。検討した結果は数代さん、あなたにもお話しして相談したいのだけど、いいかしら。これからは包み隠さずになんでも話したいと思うの」

「わかりました」

数代は一言そう言うと、丁寧にお辞儀をして社長室を出て行った。

☆チェックポイント

【差し押さえ】

正当な理由なく（病気療養中・災害にあった場合などは除く）法定納期限から50日以内（地方税は20日以内）に税金を納付しないと、税務署（都道府県・市区町村）から督促状が送付されてきます。

そして、この**督促状が発送された日から10日以内に納税者が自主的に完納しないと、税務署（都道府県・市区町村）は滞納者の財産を差し押さえる**ことができます。

といっても、実際には、**督促状が発送された日から10日経過後にいきなり差し押さえを受けることはありません。**

まずは訪問、電話などで何度か督促されます。

その督促を無視し続けたり、納付する気がないと思われると、強制的に差し押さえられる場合があります。

資金に余裕がなく、一括で納付できない場合は、税務署や都道府県・市区町村の担当窓口と相談し、どのようにして納付していけばよいかを話し合うことで、差し押さえを免れる場合があります（**問題は、「連絡しないこと」**なのです）

延滞税	納期限までに納めないとかかる税金。納期限の翌日から～2ヵ月後まで：「4.3%（平成24年中）」納期限から2カ月超～：「14.6%」
過少申告加算税	納期限内に税金を納めたが、税務調査などによって税務署から過少申告（納めた税額が少なかったこと）を指摘されて修正申告、または更正処分を受けたときに課される「追加納付税額（増加した税額）×10%＝過少申告加算税」。 また追加納付税額が期限内申告税額（当初納付した税額）、または50万円のいずれか多い金額を超えるときは、その超える部分についてさらに5%が課せられます。
無申告加算税	正当な理由なく申告期限内に申告書を提出せず、（申告期限後に自主的に申告書を提出した場合を含む）決定処分を受けたときに課される「追加納付税額（増加した税額）×10%＝過少申告加算税」。 更正等を予知してなされた場合（税務調査を受けたなど） ・納付税額が50万円以下：「納付税額×15%」、・納付税額が50万円超：「納付税額×20%」 ■更正等を予知せず期限後に申告した場合（税務調査などを受けず自主的に期限後、申告した場合） ・「納付税額×5%」
不納付加算税	正当な理由なく源泉徴収等により納付すべき税額（国税）を納期限までに納付しなかったときに課せられる ■更正等を予知してなされた場合（税務調査を受けたなど） ・「不納付税額×10%」 ■更正等を予知せず期限後に申告した場合（税務調査などを受けず自主的に納付した場合） ・「不納付税額×5%」
重加算税	過少申告加算税、不納付加算税、無申告加算税が課される場合、その事実を隠蔽（売り上げの一部を隠すなどの行為）、または仮装（架空仕入れなどによって税務署を欺く行為）して申告した場合に、過少申告加算税、不納付加算税、無申告加算税に代えて課せられるのが、「重加算税」です（併課されるわけではありません）。重加算税には以下の通りの税率が課せられます。 ■更正等を予知してなされた場合（税務調査を受けたなど） ・過少申告加算税、不納付加算税の隠蔽、仮装：「追加納付税額（源泉徴収して納付すべき税額）×35%」 ・無申告加算税の隠蔽、仮装：「追加納付税額×40%」

◆エピソード9　会社のお財布と社長のお財布

数代が出て行き、社長室は夢子とエリカの二人だけになった。

「夢子社長、会社の資金繰りが今のように厳しい時にはどうしたらいいと思いますか？」

（そういうときは、いつもヒロシがどこかからかお金を調達してきてくれたわ。でもヒロシはもういないし……）

「ええっと、銀行からお金を借りればいいと思います」

エリカは、ちょっと困った顔をしながら言った。

「でも、月末まであと10日あまりしかない。ふつう銀行に融資を申し出て実行されるまで１カ月以上かかる。10日じゃ全然足りないわ。さっき通帳を見たけど、会社の定期積金１００万円を月末の資金繰りに充てるのがいいと思うの。でもそれを取り崩しても、まだ足りないようだけど……」

「エリカ先生、銀行がだめなら別のところから借りればいいんじゃないでしょうか」

言ってすぐ、夢子は肝心要のその「よそ」のあてがないことに気が付いた。

「ところで夢子さん、あなた名義の定期預金を取り崩して会社に貸してあげることはできないかしら？」

「げげっ！？」

夢子はつい妙な声を出してしまった。

（わたしの定期預金は、夏休みの海外旅行や息子を幼児教室に通わせるための資金として積み立てているもの。それを会社にお金がないから取り崩す？）

「そんなにびっくりしないでよ。いい夢子社長、小さな会社の経営者はみんな命がけで会社を守っているの。会社にお金がないとき、社長が身銭をきって会社がつぶれないように支えるのは決して珍しいことではないの。でないと会社は倒産しちゃうわ」

夢子は咄嗟に思った。

（いっそのこと社長なんかやめたい。そのほうが楽だ！）

（でも、わたしがいま会社を放り出したら従業員たちはどうなるの？　数代さんは今月いっぱいで辞めるからいいとしても、バイトの倉田君や本沢君。なによりオーガニックママの商品を楽しみに買ってくれるお客様はどうするのよ？）

（ダメダメ。ここで逃げるわけにはいかない。頑張れ、頑張るんだ、夢子！）

夢子の逡巡を見透かしたようにエリカが続ける。

「会社がピンチのとき、社長は自腹を切って会社を助けるって言ったけど、基本的には〈**会社**

の財布と社長の財布は別物である〉という認識をもたなければいけません。たとえば、社長の財布がピンチのときに会社からお金を引き出して使ってしまうというのはよくないことよね。会社の資産をものすごく安い値段で社長に売ったりするのも問題よ。特に夢子社長のようにひとりで会社を経営してたり、家族や親しい友人と経営しているような**【同族会社】**は、会社を私物化しないように気をつけないといけないの。税務署も目を光らせているから注意が必要よ」

☆チェックポイント

３人以内の株主が発行済株式の50％超を保有している会社を**【同族会社】**といいます（親族間の決算書や雇用関係などをひとまとめのグループにして３つ以下のグループで株式の50％超を保有しているかどうかでも判定します）

同族会社は、会社を公私混同しやすく、法人税を不当に減らそうとしたと認められたときには、税務調査で決算を〈否認〉されることがあります。（「**同族会社の行為・計算の否認**」）

あるいは会社が配当金などの支払いを抑制し、一定限度を超えて所得を留保した場合には**【留保金課税】**といって税金が割増しになったりします。

◆エピソード10　会社をとりまく税金マップ

次の日、夢子は朝7時前に出社した。エリカから早朝にレクをすると言われたからだ。

7時ぴったりにエリカが現れた。なんとランニングガールの恰好をしている。

「エリカ先生、ここまで走ってきたんですか？　走るのが大好きなんですね！　だからいくつになってもナイスバディなんですね」

「あのね〜、いくつになってもは余計よ。

もともと私、ランニングは好きじゃなかったの。経営者は〈健康が第一〉と思って始めたのよ。それに適度な運動は脳からセロトニンを出すから、ひらめきがうまれやすいの。ビジネスのヒントだってどんどん出てくるわ。

夢子社長もこれから経営者としていろんなことを勉強しなければならないけど、適度な運動も忘れずにね」

「はーい」

「じゃあ早速勉強よ。今日は〈**会社をとりまく税金**〉について説明するわね。夢子社長、昨日納めた税金、ちゃんと覚えてるかしら？」

「ええっと……」

夢子は机の上にある領収書に目をやった。

「【法人税】と【法人事業税】と【法人住民税】と【消費税】の4つだったと思います」

「そう。会社は通常、1年に1回決算をします。

その決算書に基づいて会社は国と地方公共団体に税金を納めるの。

〈国〉に納めるのが**【法人税】**、〈地方〉に納めるのが**【法人事業税】**と**【法人住民税】**なの」

「なるほど。会社は法人税と法人事業税と法人住民税を納める義務があるということですね」

「それだけじゃないわ。会社は**【消費税の納税義務】**もあるの。ただ消費税は法人税などとはちょっとちがう理由で支払うものなんだけどね」

「ちがう理由って？　どういうことですか？」

「**【法人税】**や**【法人事業税】**、**【法人住民税】**は〈原則として〉**会社が儲かった**とき、つまり**【利益】**を基準に計算する税金なの。これに対して**【消費税】**は、会社が得も損もしない、言ってみれば、**会社をスルーする税金**なの」

「法人税や法人事業税が会社の利益に基づいているというのは理解できますが、消費税のほうは意味がよくわかりません」

「そうね。実は消費税というのは会社を何年も経営している経営者であっても理解しにくい税金のひとつなの。それは、消費税が**【間接税】**だから」

「間接税？」

「消費税を最終的に負担しているのは〈消費者〉。でも税金を納めるのは会社。

このように税金を納める人と税金を負担する人がちがう税金のことを**【間接税】**というの」

「そういえば、消費税は間接税だって、新聞か何かで読んだ気がします。

ところで、会社はその消費税について損も得もしないということですが、会社が納める消費税は具体的にどうやって計算するんですか？」

夢子の頭の中は、早くも疑問符でいっぱいだ。

「消費税の計算の基本は、**会社が〈預かった消費税〉から会社が〈支払った消費税〉を引いてその差額を出す**ことです。預かった消費税と支払った消費税の差額を納めるわけだから、会社は損も得もしない。これってスルーしていくということにならない？」

「なるほど、スルーの意味がわかりました」

「消費税についてはまた折をみて、必要なときに説明します。

一口に差額を出すといっても実は簡単じゃないの。

預かった消費税は商品代金の売り上げが主なので比較的容易に把握できるけど、支払った消費税は多岐にわたるので計算が少し難しいわ。でも一つひとつじっくり勉強していれば怖がることはありません」

「はい、怖がらずに頑張ります！」

「会社の税金には、昨日払った4つの税金以外にもいろんな税金があるの。
どんな税金があるのか夢子社長に説明するために、**【税金マップ】**を書いてきたわ」

エリカは大きな黒のトランクケースから1枚の紙を取り出した。

「会社経営にはこれだけの税金がかかわってくるの」

※会社をとりまく税金は実にこれだけあります（**43ページ参照**）。

① **【利益にかかる税金】**

② **【資産を保有することによる税金】**

③ **【間接税としての税金】**

このように整理すると、スッキリします。

【会社をとりまく税金】

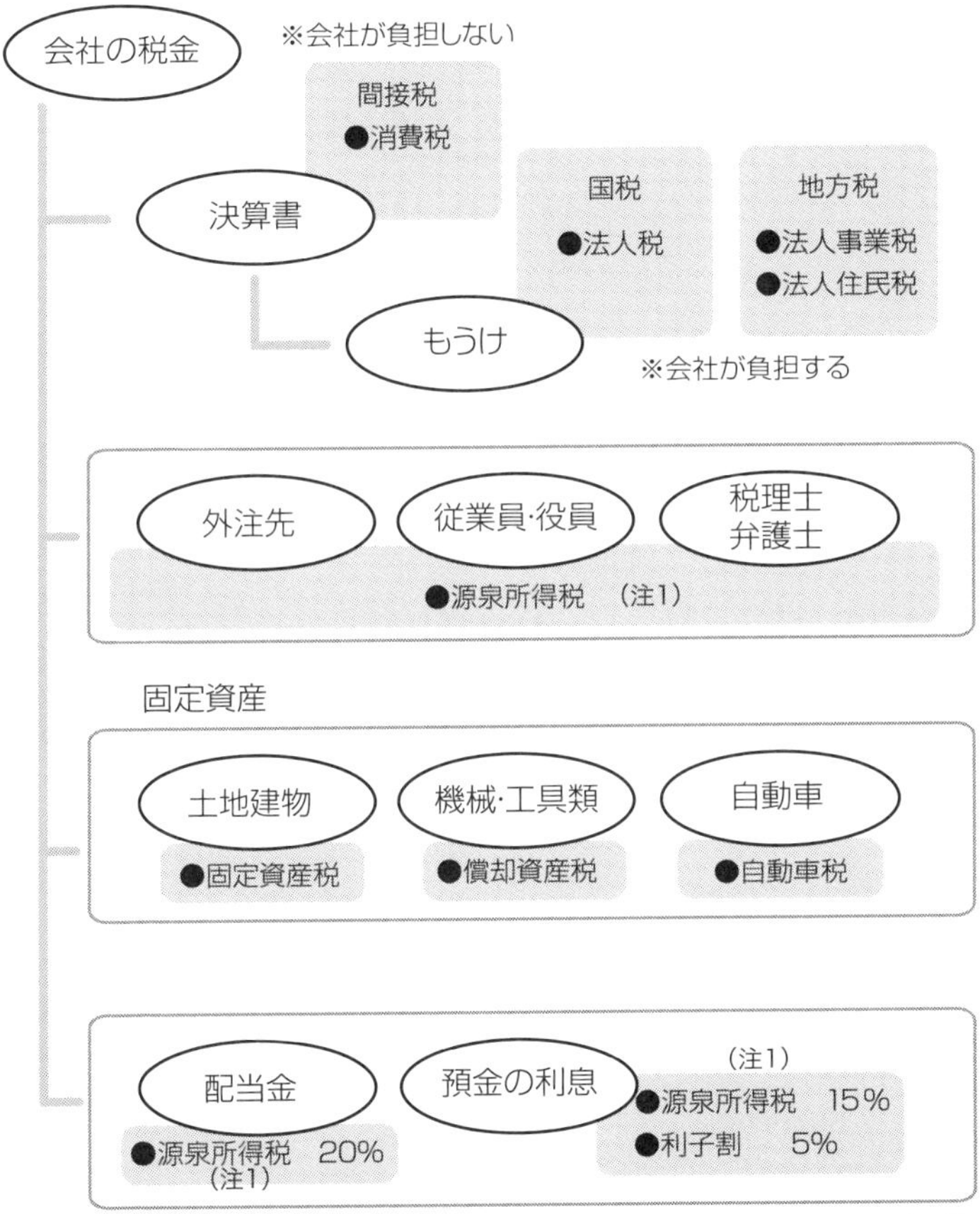

(注1):平成25年1月1日〜平成49年12月31日は、「復興特別所得税」

(所得税額の2.1%)がかかる

◆エピソード11　今すぐ作ろう！　税金カレンダー

「ひえ～、こんなにたくさん税金があるんですか？

もう、びっくり。この紙、張っておいていいですか？」

夢子は社長室の真っ白い壁を指して言った。

「ちょっと待って。これは、会社の税金にはどんなものがあるかを網羅しただけ。夢子社長は経営者として、まず、これらの税金をいつ、いくら支払わなければならないかをきちんと知っておく必要があります。

なので、今日はこれから**【税金カレンダー】（45ページ参照）**を作ってもらいます。

わたしが作ってしまうのは簡単だけど、それでは意味がないわ。それにオーガニックママは、土地や建物といった不動産を持っていないから固定資産税はカレンダーに書く必要はありません。そうね、夢子社長ひとりでは大変なので、経理の数代さんも呼んで3人で作りましょう。20分もあれば作れるわ」

※税金カレンダーは、会社から大きなお金が出ていくことを視覚的にとらえるために作ります。ですから、賞与のようにイレギュラーでかつ大きな金額の支出や、その他大きなイベントなど、覚えておきたい重要なことを追加してもよいでしょう。

【税金カレンダー】

6月	6月○日　賞与支給（約○○万） 6月末日　固定資産税（償却資産）第1回目（約○○万）
7月	7月10日　源泉所得税納期の特例の納付日（約○○万）
8月	
9月	9月末日　固定資産税（償却資産）第2回目（約○○万）
10月	
11月	
12月	12月○日　賞与支給（約○○万） 12月末　固定資産税（償却資産）第3回目（約○○万）
1月	1月20日　源泉所得税納期の特例の納付日（約○○万）
2月	2月末　固定資産税（償却資産）第4回目（約○○万）
3月	
4月	
5月	5月○日　株主総会開催 5月31日まで　法人税·法人事業税·法人住民税、消費税（約○○万）

なお、日々の正確なお金の出入りについては【資金繰表】を作成することで対応します。

夢子は数代とエリカの助けを借りて45ページの図表のように**【税金カレンダー】**を作った。

「エリカ先生、このカレンダーにある**【源泉所得税】**って何ですか？」

数代が呆れたように夢子を見る。

「源泉所得税は、お給料や外注費を支払う時に、**あらかじめ天引きする所得税**のことです。

これは実際に出てきたときに説明したほうがわかりやすいと思うので、そのときに説明します。法人税の具体的な計算の仕方も、決算書を作るときに説明しますね」

◆エピソード12　預金通帳から売上はつかめないの？
（売上の計上基準）

「夢子社長、おはようございます」

この日のエリカは、目の覚めるようなブルーのワンピースにつばの広い帽子をかぶって颯爽《さっそう》とオーガニックママにやってきた。

「おはようございます、エリカ先生！　今日は1日コンサルの日ということでしたが、予定変更で南の島へ旅行ですか？　今朝のニュースで、関東地方も梅雨明けしたと言ってたし、いよいよ本格的な夏ですもんね」

「予定変更？　そんなわけないじゃない。夢子社長、昨日は疲れた顔をしてたから、今日はコーチングする場所を変更するわ。今すぐに決算書と帳簿、通帳、請求書つづり一式をカバンにつめてちょうだい。さあ、出かけるわよ！」

「どこにですか？」

「今日はパワーのみなぎる場所であなたへコーチングするわ」

オフィスを出ると、路上にミワとアッシ先輩が待っていた。

「夢子、おはよう」

と言いながらミワが夢子の顔を覗き込む。

「なるほど。エリカ先輩が言ってた通り、パワーのない顔してるわね」

言われて夢子は顔をうつむけた。

アツシ先輩に疲れている顔を見られるのが恥ずかしかった。

「ミワちゃん、夢子くんをいじめちゃかわいそうだよ。夢子くん大丈夫、疲れた顔なんかしてないよ。でも夢子くん。勉強は大切だけど気分転換も必要だよ。それを僕もエリカに教えてもらったんだ。そのおかげで今の僕がある。で、今日はエリカに頼まれて、ミワちゃんと一緒に僕も協力しようと思って来たんだ」

「協力するって？」

「まあまあ、まずは車に乗って！」

夢子の目の前に、いかにも高級そうなクルマが停まっている。

「ポルシェじゃ４人乗れないから、きょうはＢＭＷにしたよ」

「わー、すごい。なんだか旅行に行くみたいですね」

４人が向かった先は東京湾を見渡せるホテルの最上階にあるカフェ＆レストランだった。

なんとプールもついている。

「ここは景色もいいし、プールもあって、解放感がある。僕は細かい計算をしなくちゃならないときなんか、気分だけでもリラックスしたいと思ってよくここで仕事をするんだ。それを〈エリカ先生〉に話したら、夢子くんへのコーチングを、ぜひここでしたいって言われてね」

（そうだったんだ……）

夢子はエリカの優しさに少し感動していた。

「なかなかいいだろう？　こんな場所で会社の細かい数字を計算したり経営計画を練っているとは誰も思わないだろう？　それが快感だったりするんだ」

確かに、白い壁に囲まれた社長室でお金の話をしていたときより、気持ちが少し楽になった気がする。広い４人掛けのテーブルで４人は朝食をとった。食べながらエリカは言った。

「食事が終わったら、夢子社長とわたしはここで、〈会社のお金と税金〉の勉強をします。会社の決算書や帳簿をテーブルの上に広げることになるので、できればあなたたち二人はここを離れてプールでひと泳ぎでもしてきてくれるといいんだけど」

「そうだね。僕たちはプールでひと泳ぎしようか。ねえミワちゃん」

アツシとミワが立ち上がったところで夢子が言った。

「エリカ先生、ミワはお父さんの会社で経営に口を出しているし、アツシ先輩は会社経営10年のベテラン社長です。二人には会社の数字を見られてもはずかしくありません。よかったらここにいてくれると心強いわ」

「わかった。夢子のためにわたしたちも知恵をしぼるわ。ねえ、アッシ先輩」

アッシとミワはプールへ行く足をとめて椅子に座りなおした。

「それじゃあ、夢子社長、今日からは〈**経営者が把握しておくべき会計と税金のルール**〉について大枠からきっちり固めていくわね。まずは、もっとも会社で大切なもののひとつ**【売上】**について学んでいきましょう。夢子社長、当事業年度期首の４月、５月、６月の売上が月別にいくらかわかりますか？」

「それくらいわかりますよ。ええっと……」


夢子は預金通帳をパラパラとめくった。

「ちょっと時間をいただいてもいいですか？　電卓を使って計算をします」

ミワとアッシが何か言おうとするのを、エリカが目でサインを出して止める。３人がアイコンタクトを交わしているのにまったく気づかない夢子は、カバンの中から電卓を取り出し、通帳をめくりながら一心不乱にキーを叩きはじめた。

「エリカ先生、できました！　４月の売上は５００万円、５月の売上は５１０万円、６月の売上はちょっと落ちちゃいまして４８０万円です」

「夢子社長はいま、通帳をみながら電卓を叩いていましたね。ちなみに４月の売上はどうやって計算したんですか？」

「決まってるじゃないですか、エリカ先生。４月の売上は４月１日から４月30日まで入金のあったものを合計したものですよ。５月の売上は５月１日から５月31日、６月は６月１日から６月30日で計算しました！」

「なるほど。夢子社長はそうやって計算したのね。では、いまから一つひとつ詳しく見ていきましょう。まず、通帳の４月30日に入金された52万５０８円の商品の請求書を見せてもらえるかしら？」

　夢子は請求書のつづりから１通の請求書をみんなが見られるよう、テーブルの真ん中に置いた。

「夢子社長。52万５０８円のこの請求書、どんなふうに書いてある？」

「請求書の真ん中に書いてありますよ～。〈オーガニックタオル３月分〉って！　ん？　３月分？」

「４月30日に入金された52万５０８円は、３月に売ったものです。

　３月に売った代金が４月末に入ってきたということです。

　預金口座にお金が入ってくる場合というのは**【掛取引】**がほとんどなの。通帳と請求書から見ると、この会社とは月末締めの翌月末払いという支払条件が成立しているようね」

「そうだったんですか」

「いい夢子社長、決算書を作る際には、いくつかの大きなルールがあるの。〈**会計の大原則**〉と言ってもいいわね。その会計の大原則の一つに、〈**発生主義**〉というものがあります。〈**売上のルール**〉**で言えば、現金が入ってきたときに売上を計上するのではなく、商品代金を売り上げたときに計上する**ということです。これは**【仕入】や【費用】などの場合も同じよ**」

「はい」

「会社の税金を計算するときにも、会社の税金を計算するための〈**税法のルール**〉があります。〈会計のルール〉と〈税法のルール〉は、同じときもあれば少し違うときもあるけど、〈**発生主義**〉**はどちらのルールにも共通する原則**なの」

「わたしが通帳の入金額を見ながら計算したものが、月別の売上ではないんですね。無駄なことをしてしまったみたい。ミワ！　もしかしてあなたは知ってたの？」

　ミワが苦笑いしながら言う。

「夢子が電卓を叩きだす前に言おうと思ったんだけど、エリカ先輩に『余計なことはするな目線』を送られたんで黙ってたの」

　アツシも口を開いた。

「夢子くんが電卓を叩いてはじき出した金額は、月別の売上という意味ではちがっていた。だけど、実は別の意味で必要なものなんだ。決して無駄なことじゃないよ」

　エリカが胸の前で小さく拍手しながら、アツシの言葉を引き取った。

「アッシさんのおっしゃる通り。全然無駄じゃないわ。通帳に入金された金額は、発生した売上代金がちゃんと回収されたかどうか、つまり、**〈月別の売掛金の回収金額〉**を表しています。それをちゃんと把握するということは、売上がいくらあるかを知るのと同じくらい重要なことです。だって、売上がいくら上がっても実際にお金が入ってこなければ絵に描いた餅と同じだもの。だから経営者は、常に入金には目を配っていないといけないわけ。夢子社長、数代さんにメールして、売掛金の回収が滞っている会社があるかどうか確認してみてください」

「なんだかエリカ先生が、税理士というより、商人《あきんど》に見えてきました（笑）」

「売掛金の回収は、会社の資金繰りに影響する重要なことだからちょっと強調したの。

それではもう一度、4月、5月、6月の売上を計算してもらうわよ」

夢子は請求書つづりの4月、5月、6月分を見て電卓を叩きだした。

「請求書つづりから把握した〈月別の金額〉と、〈会計データの月別の売上〉が一致しているかどうかもチェックしてね。売上の計上の仕方を間違えると、間違えた決算書が作られ、間違えた税金の計算をすることになってしまう。だから売上計上の間違いは、税務調査で厳しくチェックをされます。

では、夢子社長が計算をしている間に、わたしたちは飲み物をとりにいってきましょう」

夢子を残して3人はプールサイドの端にあるバーカウンターのほうへ歩いて行った。

☆チェックポイント

会計上も税法上も、**【売上（費用も）】は現金ベースではなく〈発生ベース〉**でとらえます。

☆具体的な発生ベースの基準

どの基準でもいいが、継続して使うこと（よく使われる基準は**【検収基準】**）

【出荷基準】（相手先に出荷したときに売上が発生したことにする）

【納品（引き渡し）基準】（相手先に引き渡した時点で売上が発生したことにする）

【検収基準】（商品を相手先が検収〈チェック〉したときに売上が発生したことにする）

◆エピソード13　会計と税金のルールがすれちがうとき
（税務調整のお話）

エリカたち3人が、4人分のアイスコーヒーを持ってテーブルに戻ってきた。

「夢子社長、経理の数代さんが日々どんなことをしているのかが、だいたいわかったかしら？経営者はどうしても営業に目がいってしまいがちだけど、経理部門が機能していないと、商品代金がちゃんと入ってきたかどうかすら管理できない。

仮に会計や税法のルールに反する処理をしてしまったら、

間違った決算書を作ってしまう ↓ 税金の計算も間違ってしまう ↓ 税務調査があったときに〈延滞税〉など本来払う必要のない税金を払わなければならなくなる、という悪循環に陥ってしまう。そう考えると、経理は地味だけど営業と同じくらい重要な部門だということがわかるでしょ。そして……」

「そして……？」

エリカはアイスコーヒーを一口ごくりと飲んでから、夢子の目をまっすぐ見て言い放った。

「そして……。**〈経理を軽んじる経営者は、絶対に成功しない！〉**」

（エリカ先生、すごい目ヂカラ。本気でわたしに会社の経営を教えようとしている……）

「エリカ先生、〈会計のルール〉と〈税金のルール〉について、もう少し詳しく説明してください」

そういう夢子の目ヂカラも、相当なものになっていた。

「夢子社長、やる気が出てきたみたいね。では解説いたしましょう。まず、先ほど言ったように、日々の経理処理や決算書を作成するには会計のルール、会社の税金を計算するには税法のルールがあります。これらのルールは互いに重なる部分と重ならない部分があります。ところで、アツシさん、どうしてこの二つのルールに重ならない部分があるのかわかりますか？」

「え、僕にふる？（笑）ここで答えられないと恥ずかしいことになりますね。

ではお答えしましょう。二つのルールが違うのは**両者の目的がちがう**からです！」

「正解！」

続けてエリカはこう答える。

「会計のルールは会社法や簿記の考え方が根底にあります。つまり会計のルールは、決算書を通じて〈株主〉〈債権者〉〈取引先〉〈金融機関〉などに情報を開示するためにある。一方、税金のルールは法人税法で定めている〈公平の原則〉とか〈富の再分配〉という考え方が根底にある。両者は、もともとの目的が違うから重なり合わないところがあるけど、共通部分もある。

そこで、まずは会計のルールで決算書をつくり、その決算書をベースに税法特有のルールを加え、会社の税金を計算するという方法がとられることになったわけ。専門用語ではこれを**【確定決算主義】**と言います」

【会計のルール概念図】

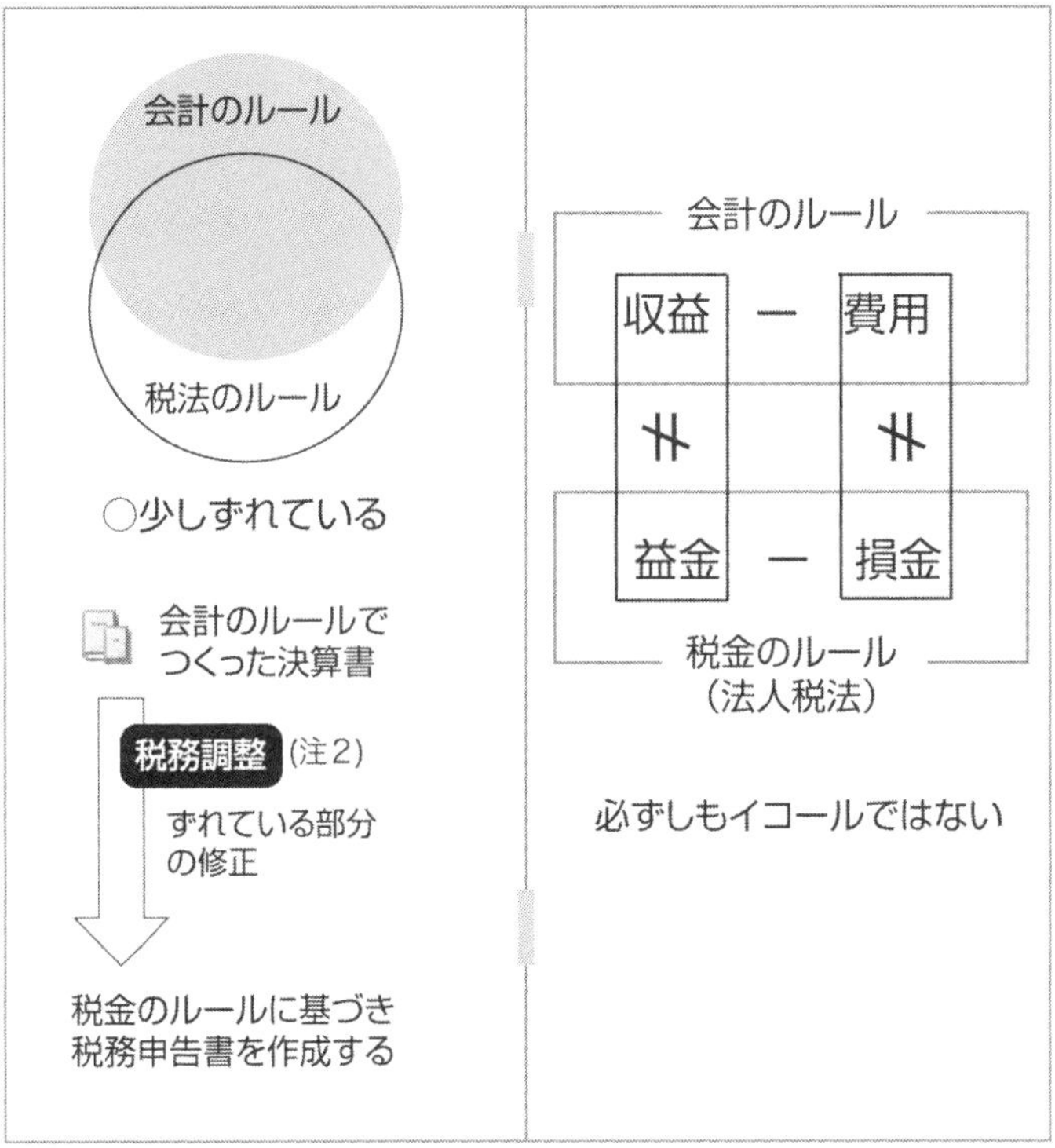

(注2)

税務調整

・益金算入
・益金不算入
・損金算入
・損金不算入

エリカは、バインダー型の携帯ホワイトボードを取り出し、そこに**57ページ**のような図式を書いて夢子に見せた。

「エリカ先生、ずいぶん便利なものを持ってるんですね」

「ああ、コレ（携帯型ホワイトボード）ね。この間、クライアントさんから教えてもらったの。とても便利よ。いい夢子社長、会計のルールでできあがった決算書に、税法のルールで修正を加えるのが**【税務調整】**です。**この図（57ページ参照）**をしっかり見てちょうだい」

「ずいぶんややこしい言葉を使うんですね。売上や経費という言葉ならわかりますけど。先生が今書いてくれた収益、益金、費用、損金っていきなり言われても……」

「そうね。たとえば**【収益】**や**【益金】**という用語は、世間でよく使われる**【売上】**と似ているわね。**【費用】**はそのまま費用でいいとして。**【損金】**は〈**税法上認められる費用**〉と言ったらいいかしら。

　でもとりあえずは、売上と経費という言葉でもOKよ。ただ、いま説明した「考え方」だけはしっかり覚えておいてね。実は、世の中の社長さんたちの中には、税金のルールどころか、会計のルールさえ知らない人が多いの。夢子社長もその例に漏れずだけどね。

　でも大丈夫、わたしが会計のルールと税法のルールを、実務に応じて逐一解説していくから安心して」

「わたし、知らないことを知るのは面倒くさいなって思っていたけど、今では、知らなかったことを知ることが楽しいと思えるようになってきました！」

「そう、それでこそ、経営者というものです。それでは次の項目に進みましょう！」

◆エピソード14　交際費は日記帳のごとくあれ！
（交際費と税金のルール）

「夢子社長、では**【決算書】**をみてください。**【損益計算書】**の中に**【交際費】**という科目があるけど、その金額はいくらになってる？」

「えーと交際費……。はい、見つけました。７００万円になってます」

「それをふまえて、消費税について説明するわね。ここは特に〈税法のルール〉が複雑なの。複雑だからこそ税務調査でチェックされるのが交際費なのよ」

そこでいきなりミワが割って入ってきた。

「そうなのよ、ウチの会社も税務調査では交際費を念入りにチェックされるの。アツシ先輩のところは？」

「僕の会社もこの前、税務調査に入られたけど、確かに交際費をチェックされたな。会社で広告宣伝費や支払手数料などほかの勘定科目で処理していても、それは交際費に該当しますって言われることがある。たとえば、**【交際費】**と**【寄付金】**はどこか似てるよね。

〈交際費〉はそれを**相手のために使うことでビジネスの見返りを期待**する。

これに対して、〈寄付金〉は**本来、見返りを求めないものだけど、実際には全てが見返りを求めているとも言い切れない**。税務調査ではそのあたりを詳しく調べられる」

「へ～、交際費ってかなり難しそうね。

それにしても、ミワのお父さんの会社もアツシ先輩の会社も、そんなにチェックされるってことは、使っている交際費が半端ないくらい多いからじゃないの？」

「父の会社の交際費はそんなに多くはないわ。ウチが特別ってわけじゃなくて、交際費がチェックされるのは一般的な傾向なのよ。なぜかというと、交際費は損益計算書に並んでいるほかの勘定科目とちがって、税金の取り扱いが特殊だからね。ここから先はエリカ先生に説明してもらいましょう」

「そうね、わたしが解説するわ。

〈交際費〉は、**取引先やこれから取引先になるかもしれない人や会社に対して、飲食を共にしたり贈答品を贈るなどした場合に支出した費用**のことです。

〈会計のルール〉では、**単に交際費として損益計算書の費用に計上**されますが、〈税法のルール〉

では、**原則として経費とはみなされません**。専門用語では**【損金不算入】**という言葉を使います」

「どういう意味ですか？　税務上の経費にならないって？」

夢子はさも不思議そうな顔をした。

「たとえば、ある会社の決算書では、利益が10万円の赤字だったとします。

その決算書に交際費が１００万円計上されているとしましょう。

交際費が税務上も費用として認められた場合、法人税はいくらになりますか？　夢子社長」

「赤字だから法人税はゼロです」

「正解。ではこの交際費１００万円が税務上は全額経費として認められなかったとすると、会社の利益はいくらになりますか？」

「マイナス10万円に１００万円をプラスするので、90万円です」

「それも正解！　ではそのケースで法人税を計算するとどうなりますか？

ちなみに法人税というのは、税法上のルールで計算された利益に一定の税率をかけて計算します」

「それなら、90万円にその税率とやらを掛けた金額です」

「法人税の税率がたとえば15％だったとしたら？」

「90万×15％なので、電卓で計算すると……、13万５０００円です。

え？　さっきは法人税が０円だったのに13万５０００円になるんですか」

「そういうこと。会計上のルールと税法上のルールのちがいをちゃんとおさえておくのがいかに大切なことか、わかっていただけたかしら。**決算書の利益だけをみて、当期は赤字だから税金は払わなくて済むなんて安易に思っちゃいけない**のよ。

さっき、二つのルールは**【税務調整】**によって修正するって説明したと思うけど、税務申告書では**【別表四】**という書類で損金不算入の部分を足していきます」

アツシが「これこれ！」と夢子に税務申告書を差し出した。

「ほら、この税務申告書の右上に**【別表四】**という書類があるでしょ？　この書類の真ん中あたりに、**【交際費損金不算入】**というのが載っていますね。ちなみに一番上に書いてあるのは、決算書の利益の金額。そこから足したり引いたりして税金のルールに合わせていくのよ」

エリカはそこで先ほどの携帯型ホワイトボードを取り出し、マーカーで**【交際費と税金のルール】**（**63ページ参照**）を書き出していく。

「さっき、交際費は原則として、税務上の経費にならないと説明したけど、すべてが損金不算入かというと、そうではないの。オーガニックママのように、資本金が1億円以下の中小企業には、**【定額控除制度】**といって**年間６００万円までは交際費を税務上の経費にしていい**というルールがあるの。ただし、そのルールにはまた例外があって、〈**定額控除の範囲内であっても、使った金額の10％は税務上の経費にならないので加算する**〉という追加ルールがあるわけ」

エリカは、総勘定元帳の交際費のページをパラパラとめくって言った。

― 交際費と税金のルール ―

交際費

原則　税務上の経費にならない

例外　中小企業は年額600万円まで定額控除

　　⇒ 但し、その中でも10%は損金不算入

☆一人あたり5,000円以下の飲食費

飲食などの年月日、参加した得意先などの氏名及びその関係、参加人数、費用の金額、飲食店の名称、所在地などが記載されている場合にかぎる

「夢子社長の会社の昨年度の交際費は７００万円だから、定額控除額を上回っていることになるわね。ほとんどが夢子社長が使ったもののようね。やたらとパーティに参加しているし、自主開催も多いわね。

　これでいくと定額控除の６００万円を超えた部分の１００万円と、６００万円×10%の60万円、合計１６０万円が税務上は経費として認められないので、その分が利益に上乗せになります。法人税率を15%とすると24万円、法人事業税など地方税を合わせた実効税率、これは会社の規模や利益の金額によって約20～40%の幅があるけど、たとえば30%で計算してみると48万円になるわね。まあ、交際費の金額が大きくても、パーティの回数が多くても、それが売り上げに貢献していればいいんだけど。この点は税金のルールじゃなくて

経営コンサルになるから、別の機会に話しましょう」

「実はわたしも、売上をあげるのにパーティばっかりやっているのはどうなのかな、って疑問に思うところがあったんです。

ところでエリカ先生、ホワイトボードに書かれた**〈１人あたり５０００円〉**というのはどんなルールなんですか？」

「では**〈交際費の５０００円基準のルール〉（63ページ参照）**について説明するわね。

これは平成18年4月1日以後開始する事業年度分から適用されることになった比較的新しいルールです。仕事をパーティや接待というほどではないにしても、取引先と食事しながら打ち合わせをすることはよくあるわね？　そういうときのお金は交際費ではなく**【会議費】**という科目に計上する場合が多いの。

ほら、オーガニックママの決算書にも、ここに交際費とは別に会議費っていう科目があるでしょ。ところが、実際には会議費なのか交際費なのか線引きが難しいケースがある。

たとえば取引先と食事をするにしても１０００円のランチもあれば、３５００円のランチもある。場合によっては６０００円ということだってある。今までの税法のルールでは、会議費にするか交際費にするかは〈実質判断〉でやるしかなかったの。つまり〈金額基準〉がなかった」

「そうなんですか？　昔、電車の中で、サラリーマンの人が『一人５０００円とか６０００円までなら経費で落ちる』なんて言っているのを聞いたことがありますけど……」

「それは、そのサラリーマンの会社が『そこまでなら出してくれる』という意味で〈経費で落ちる〉って言ったんだと思うわ。もしもその人が上場会社のサラリーマンで、６０００円の飲食をした場合、会社としてはその６０００円は税務上の経費にはならないけど、そのサラリーマンにとっては、会社で精算してもらえるので〈経費で落ちる〉と言っているのよ」

「へえ〜、そうなんですか」

「話を元に戻します。以前は金額基準がなかったけど、改正によって１人あたり５０００千円以下の交際費は、税務上の経費にならない交際費から除外できることになりました。金額がはっきりしてるので、わかりやすいわね。

ただしそのためにはちょっと厳しい条件があります。

それがここに書いた項目です。夢子社長、その条件を読んでみてください」

「ええっと、**〈飲食等の年月日〉〈参加した得意先等の氏名およびその関係〉〈参加人数〉〈費用の金額〉〈飲食店の名称〉〈所在地〉など**……です。

わぁ〜こんなに書かなくてはいけないんですか?」

夢子は自分で読みながらも、その多さに圧倒された。

「現物を見てみましょうか。この説明が終わったら別の場所でランチをするので、精算してもらって領収書をもらいましょう。アツシさんお願いしていいかしら?」

アツシはテーブルにあった伝票をとって、それをウェイトレスに渡した。

ウェイトレスはすぐに領収書をもってきてくれた。

「夢子社長、これが本物の領収書よ、さっき『こんなに書かなければならないの？』って言ったけど、すでに印字済みのものもあるわよ？　この領収書、何て書かれている？」

夢子は領収書を見た。今までこんなに真剣に領収書をみたことはなかった。

「ええっと、まずは今日の日付、私たちのアイスコーヒーの個数と金額、ここのホテルの名前と住所と、電話番号も書かれています」

ここでアツシが言った。

「夢子ちゃん、すでに書かれているのはもう書かなくてもいいよね。だったらあとは何を書けばいい？」

「誰と……が書かれていません。あと人数も書かれてません」

「そう。今日はアイスコーヒーだけだから、どうみても交際費じゃなくて会議費になるけど、これが取引先と飲食するとなった場合、付け足す項目は、どんな関係の取引先の誰と飲食をしたのか、何人で行ったのか。それを書いて1人5000円以下の飲食代であれば、税務上も経費になるということさ」

「経理の数代さんに領収書を渡すと、いつも、誰と食事したんですか、何人で行ったんですか？としつこく聞いてきたのは、そのためだったのね」

「夢子社長、もしかしたら数代さんのこと、口うるさい人だなあ、って思っていなかった？　一般的に経理の人は口うるさいと言われることが多いけど、それは別に意地悪で言っているわけじゃないの。税法のルールにしたがって適正な納税をするために必要だからそうしているの。これからは、数代さんに領収書を出す前に、必要事項を書いて渡してあげるといいわ」

「わかりました！　正直言って数代さんのことを『うるさいなあ』って思うこともありました。反省します。それにしてもエリカ先生、交際費の領収書には情報がいっぱい詰まっているんですね、まるで日記帳みたい」

「そう。たった1枚の領収書でもいろんなことがわかるの。領収書がたくさんあれば、わたしたちプロはその会社に毎日行かなくても、会社がどんな状況かがわかるのよ」

「へえー、なんだかエリカ先生が魔法使いのように見えてきました……」

　夢子のこの言葉に、ミワとアッシは大爆笑した。

「もう夢子ったら、わけのわからないこと言わないの！　すいません、エリカ先輩。あ、もう11時半過ぎてますよ。アッシ先輩、おいしいランチのお店に連れてってくださいよ。１人5000円以下で、ナンチャヤッテ」

「えっ？　ランチ5000円って高くない？　まあ、今日は僕も勉強になったから、仕方がない。みんなのために奮発するか……」

ＢＭＷはホテルの地下駐車場を出て10分ほどで、一軒家風の小奇麗なレストランに到着した。

「へえー、さすがアッシ先輩。素敵なお店をご存知ですね」

「ここは僕の友人がやっている店なんだ。少人数で会食できる個室もあるから、気に入ったら使ってね」

ランチは１５００円、２５００円、４５００円の３つのコースがあった。

食べ過ぎると眠くなるからと、１人２５００円のランチを頼んだ。エリカはみんなが見ていないところでアッシに目配せをした。

最初に〈冷製スープ〉が供された。それを飲みながら夢子が言う。

「これ飲んだら、わたしも〈冷静〉になれるかな」

一瞬、空気が凍りついたが、すぐにミワがフォローした。

「夢子もそんなおやじギャグを言うようになったのね」

「夢子社長も午前中の勉強で頭が疲れたんでしょう。さきほどの交際費の続きだけど、実際の税務調査では、本来交際費で処理すべきものが別の科目で処理されていないかどうかをチェックされるケースが多いの。たとえば、広告宣伝費や外注費、支払手数料といったものも、科目どおりに処理されているかどうか気をつけないといけないのよ」

メインディッシュは和牛のソテー。夏バテとは無縁の４人は全員、メインディッシュに肉料理をチョイスしたのだ。

「エリカ先輩は夏バテしないんですか」

ミワが尋ねた。

「いまだかつて夏バテなんかしたことがないわ。今日は長丁場になると思ったから、肉料理をチョイスしたけど、お魚も野菜も大好きなの。ところで、午後から次の話に行く前に**【交際費と消費税】**のことをちょっと話しておくわね。まず夢子社長に出題。飲食代や贈答品の代金を支払うときに、消費税はかかっているでしょうか？」

「はい、かかってます。値札にも領収書にも〈消費税込〉とか書いてありますし……」

「正解。では次の出題。取引先に不幸があったときにはお香典をもっていくけど、それには消費税がかかっていますか？」

「えっ香典ですか？　5000円とか1万円とか2万円とかいろいろなケースがありますけど。う〜ん、よくわかりません」

「答えは、消費税はかかっていません。お香典を払ったからといって、そこで対価関係ができるわけではないわよね？　**【消費税】**は**〈国内において〉〈事業者が〉〈事業として行い〉〈それに対価関係があること〉が課税の条件**になっているの。お香典はそれに該当しないでしょ。だから交際費の中で、**【慶弔費】といわれるものについては消費税が〈不課税〉**になります。前に、会社は預かった消費税と支払った消費税の差額を納めるって言ったけど、その差額を計算するとき、慶弔費の消費税の区分を飲食費などと一緒にしておくと間違えて消費税を計算することになるので気を付けてね」

「僕の会社では、交際費を細分化して〈補助科目〉を付けているんだ。補助科目に慶弔費っていうのを作って、消費税を計算しないように設定しておく。そうすれば間違わないんだ。これはエリカ先生に教えてもらったことなんだ。夢子くんのところはちゃんとやっているかな？」

「あした数代さんに聞いてみます」

◆エピソード15　フリーのデザイナーへは税金を代わりに払ってあげる？

（源泉所得税のお話）

４人がメインディッシュをたいらげると、すぐにデザートとハーブティが運ばれてきた。

「ねえねえ、ここのメニューのデザイン、品がよくてすごく気に入ったわ。これをデザインした人に、オーガニックママでも仕事を頼んでみたいな」

「このデザイナーは、実は僕が紹介したんだ。センスがいいって評判でね。彼は大手広告代理店を辞めて去年独立したばかり。まだ会社組織にはしていないようだけど」

エリカが、すぐに反応した。

「そのデザイナーさんの話、グッドタイミングだわ！

午後は**【源泉所得税】**の話をしようと思っていたところだったの。夢子社長、**【税金カレンダー】**を作ったとき、源泉所得税はお給料や外注費を支払うときにあらかじめ天引きする所得税のことだって言ったの、覚えてる？」

「はい、その『ゲンセン』という響きだけはよーく覚えてます」

「〈源泉所得税〉は、たとえば**社員に毎月のお給料を支払うとき、デザイナーのような個人事業主に外注に出すとき、あるいはわたしたち税理士や弁護士など個人事務所経営の士業に報酬を支払うときなどに発生するもの**なの。会社は支払う金額から一定の税金を天引きし、天引きした金額を国に支払う。だから会社は損も得もしないの」

「なんだか消費税に似ていますね」

「そうね、会社をスルーしていくという部分は共通してるわね。源泉所得税は、報酬を得た人、つまり所得税を支払うべき人に代わって、それを会社が前払いするようなもの。かといってそれを会社が善意でやっているというわけではなくて、報酬を支払う側が源泉所得税として徴収しなければならないという税法のルールに則ったものなの。お給料をもらっている従業員の場合、年末調整手続きで会社が税金を計算し直してくれるけど、デザイナーさんや税理士さんの場合は、自分で確定申告して、税金を確定するわけだけど、その際には源泉所得税はすでに支払ったということで計算をしていくの」

ミワも加勢した。

「わたしもお父さんの会社の経理を手伝っているのでよくわかるわ。

個人のデザイナーさんに報酬を支払うときは、『10%の源泉所得税控除を忘れないでね』って経理部長に言われるもの。経理部長というのはお母さんなんだけど」

「じゃあ、ここにちょっと**ポイントをまとめた図（73ページ参照）**を書いてみるわね」

「夢子社長、総勘定元帳の〈外注費〉をみてください。他にはどんなものがありますか?」

「ええっと、オーガニックセミナーの講演をしてもらった講師の方がいます」

「ミワさん、この人たちの請求書をそこの請求書のつづりから出してもらえるかしら?」

ミワはなれた手つきで請求書を出してきた。

「夢子ここを見て。デザイン事務所からの請求書よ。デザイン料が5万円、消費税が2500円、源泉所得税が5000円と書いてあるわ」

「さすがミワさん。こんなふうにちゃんと請求書がきちんと書かれているといいわね。消費税を区分して書いてあるので、源泉所得税は5万円を基準にして計算できます。消費税の区分がきちんとされていない場合は、消費税込みの金額で源泉所得税を計算しなくてはなりません。**送られてきた請求書に書いてある金額をただ払うのではなくて、源泉所得税や消費税をちゃんとチェックする**ようにしないとね。**源泉所得税は税務調査でもよくチェックされる**の。**もし源泉所得税で漏れが発見されると、報酬を支払った会社側がその分の源泉所得税を支払わなくなる**のよ」

どんな時に発生する？	いくらくらい？	いつ支払うのか？
お給料や役員報酬	月額表等より	支払った月の 翌月 10 日まで。 但し納期の 特例適用の場合は 年２回
デザイナーなどの 個人事業主	報酬の源泉徴収 の表より。 内容によるが 100 万円以下だと 10%が多い	支払った月の 翌月 10 日まで
税理士・弁護士など （個人事務所に限る）	同　上	支払った月の 翌月 10 日まで。 但し納期の 特例適用の場合は 年２回

「ええっ？　もらい過ぎているのは支払先だからそっちから取り立てればいいじゃないですか？」

「税金のルールでは、**報酬を支払うほうに源泉徴収の義務がある**の。だから、もし夢子社長の会社が、外注先に源泉所得税分を控除しないで報酬を支払った場合、外注先から源泉所得税を返金してもらう必要があるの」

「たとえば去年支払った報酬は払い過ぎだったから、その分返してください、って言うわけですよね。言いづらいなぁ～」

　夢子が困った顔をすると、アツシが言った。

「だから、仕事を発注するときに源泉所得税を天引きすることをしっかり先方に伝えなくてはいけないんだよ。先方が会社組織なら、源泉徴収の必要はないから神経質にならなくてすむんだけど」

「ところで源泉所得税にはひとつオマケがあります」

エリカが言うと、3人とも怪訝《けげん》そうな顔をした。

「平成23年3月11日に起こった東日本大震災。みんなにもそれぞれ特別な思いがあるだろうけど、税の世界にも**【復興特別所得税】**というのがあるのよ。**平成25年1月1日以降は、源泉徴収をする際にこの分を加算して徴収しなければならなくなった**の。

加算されるのは【所得税の2・1％】。

だから源泉所得税が10％の場合、10・21％ということになるわね（円未満切り捨て）。

この〈復興特別所得税〉は**平成25年1月1日から平成49年12月31日まで、25年間徴収**されます。

たとえば、商工会、法人会セミナーの講師に講演料として22万2222円を支払う場合（源泉所得税率10％）、今までは講師の人に20万円を支払い、源泉所得税は2万2222円になっていたわけだけど、今後は22万2222円×10・21％＝2万2688円を源泉徴収するということになるわね」

◆エピソード16　お給料明細の見方
（どんなふうに税金は天引きされているの？）

「ええと、今日は7月18日ね。夢子社長、会社の給料日はいつ？」

「31日です」

「源泉所得税の話をしたので、ここで〈お給料の話〉もしておくわ。お給料の計算は数代さんがしているのよね？」

「そうです。といっても社長のわたしは毎月同じ金額だから、最初に計算しただけですけど」

「夢子社長は、自分のお給料明細をじっくりみたことがありますか？」

「じっくりとは見ませんが、いつも思うことがあります」

「なんて思うの？」

「なんでこんなに手取りが少ないのかなって」

「なるほどね。じゃあ、源泉所得税だけじゃなくて、〈給与明細の読み方〉も講義するわね」

エリカは、再び携帯型ホワイトボード**（76ページ参照）**をテーブルの上に出した。

「**左側（借方）は足していく項目、右側（貸方）は引いていく項目**です。なんでこんなふうに書いたかというと、会計データに入力する簿記の仕訳にならって書いたからなの。この形で覚

借　　方（足す項目）	**貸　　方**（引く項目）
☆**給料（税込金額）** ☆**通勤費（非課税枠 10 万円まで）**	★**社会保険（健康保険）** ★**社会保険（厚生年金）** ★**労働保険（雇用保険）** ★**源泉所得税** ★**住民税** ★**現金（手取り）**

えれば、お給料の仕訳もできることになるのよ。

まず左側を見て。お給料を計算するときには、基本給に手当などを足したお給料の総額とは別に、**【通勤費】**を支給するのだけれど、実はこれには〈**非課税枠**〉というものがあるの。電車、バス、自家用車と交通手段はいろいろあるけど、いずれにしても**交通費の非課税上限は月額10万円**。だからほとんどの人が非課税枠に収まります。新幹線通勤など特殊な場合を除けばね」

「うんうん」と頷く3人。

「次に右側。こちらはお給料から天引きされる項目です。この中で意外に控除が大きいのが**【社会保険】**ね。**【健康保険】**は年齢によって変わるけど、おおむね10〜12%、厚生年金は業種によって変わるけど、だいたい16〜17%。この2つで給料の3割近くになります。これを**会社と給料をもらう本人とでほぼ折半**します。**【労働保険】**。これも業種によってちがうんだけど、0.5〜0.6%、これはさほど大きくない金額です。そして**【源泉所得税】**。これは一概に何パーセントというわけにはいかなくて、税務署が作る**【源泉徴収税額表】**等に従って計算します。この源泉徴収税額表は、国税庁のホームページでダウンロードすることができます。ちなみに平成24年分はこれ」

そう言ってエリカは、３人が画面を見えるようにノートパソコンの向きを変えた。

（http://www.nta.go.jp/shiraberu/ippanjoho/pamph/gensen/shikata2012/01.htm）

「夢子社長の毎月のお給料は50万円だったわね。そこから社会保険や労働保険等を控除してた金額、おっと、夢子社長は社長だから労働保険はないわね、この源泉徴収税額表にあてはめていけばいいの」

【源泉徴収税額表の見方】

「夢子社長の給料明細を作るとこんなふうになるわね（夢子は会社のすぐ近に住んでいるため通勤費はかからない）」

「へぇ〜。自分がもらうお給料がこんなふうに計算されているってはじめて知りました。そういえば給料日が近くなると、数代さん、かなり忙しそうにしていたわ。今月からわたし、数代さんと一緒に、従業員みんなの給与計算をちゃんとみていくことにします」

「それは素晴らしいわ。経営者は、会社の業務をすべて担うことはできないけど、たとえばお金の計算なら、その方法をきちんと知ったうえで、担当者に任せることが大切ね。会社で横領や背任が起きるのは、社長が『オレは経理なんてわからない』と担当者に丸投げしているケースが大半なの。夢子社長、数代さんがいい人でよかったわね」

　夢子がしんみりした表情で頷いたところで、アツシが口を挟んだ。

「そういえばこの前、中小企業の経営者が集まる交流会で、経理担当者に売上を持ち逃げされたって愚痴をこぼしていた社長がいたな。『担当者を信じてすべて任せていたのに』と嘆いていたけど、そうか、あれは社長がいけなかったのか」

「わたし、数代さんには本当に感謝しないと……」

　オーナーが、ハーブティーのおかわりのポットを持ってきてくれた。

　ミワがすかさず声をかける。

「料理もデザートも、すっごくおいしかったです。ぜひ、また寄らせてください」

「ぜひ、いらしてください。アツシさん、きょうはいいお客さんを連れてきてくれた。ありがとう。みなさん、時間は気にせず、ゆっくりしていってくださいね。ハーブティーのお代わりも遠慮なく」

　オーナーが部屋を出て行くと、アツシが言った。

「この部屋、しばらく使わせてもらえるようにオーナーの許可をもらっているから大丈夫。ところで、エリカ先生。ひとつ質問があります。さっき言ってた復興特別所得税。所得税ということは当然、給与計算のときも影響するんですよね？　具体的にどう計算するんでしょう？」

「いい質問ね。さっきの外注の源泉徴収の例では、所得税の2・1％が復興特別所得税と話しましたが、お給料計算の場合は、新しい源泉徴収税額表で計算します。国税庁のホームページで新しい税額表をダウンロードできるので、それを使って計算します」

(http://www.nta.go.jp/shiraberu/ippanjoho/pamph/gensen/zeigakuhyo2012/01.htm)

「なるほど。平成25年1月からは、この新しい税額表で計算しないといけないわけか。間違わないように気をつけます」

☆チェックポイント

会社は、給与を支給する際には、その額や被扶養者の人数に応じて源泉所得税を徴収しなければなりません。

国税庁のホームページには**【源泉徴収税額表】**があり、誰でもダウンロードすることができます。なお、平成25年1月1日からは、この源泉徴収税額表が新しく変わりますので、注意が必要です。

※前年に所得があり住民税を収めている人で、**【特別徴収】**を選択している場合は、会社はその住民税の納付書の額を給与から天引きして本人に代わって支払いをします。

給与所得の源泉徴収税額表（平成24年分）

（月　額　表………所得税法別表第二）

(一)　　　　　　　　　　　　　　　　　　　　　　　　(〜166,999円)

その月の社会保険料等控除後の給与等の金額		甲								乙
		扶養親族等の数								
		0人	1人	2人	3人	4人	5人	6人	7人	
以上	未満	税額								税額
円	円	円	円	円	円	円	円	円	円	円
88,000円未満		0	0	0	0	0	0	0	0	その月の社会保険料等控除後の給与等の金額の3%に相当する金額
419,000	422,000	17,850	14,680	11,510	8,350	6,650	5,070	3,490	1,900	92,000
422,000	425,000	18,090	14,920	11,750	8,590	6,770	5,190	3,610	2,020	93,600
425,000	428,000	18,330	15,160	11,990	8,830	6,890	5,310	3,730	2,140	95,100
428,000	431,000	18,570	15,400	12,230	9,070	7,010	5,430	3,850	2,260	96,600
431,000	434,000	18,810	15,640	12,470	9,310	7,130	5,550	3,970	2,380	98,200
434,000	437,000	19,050	15,880	12,710	9,550	7,250	5,670	4,090	2,500	99,700
437,000	440,000	19,290	16,120	12,950	9,790	7,370	5,790	4,210	2,620	101,300

ここが源泉所得税となる(※)

※たとえば、「その月の社会保険料等を引いたあと」の
給与が43万4,000円以上　43万7,000円未満、
扶養0人の場合は、1万9,050円が源泉所得税となる。

◆エピソード17　社長の給料の不思議
（役員報酬のダブルスタンダード）

「次は〈役員報酬〉について説明するわね。夢子社長、会社の株主構成はどうなっているの？」

「株主はわたし一人です。資本金もわたしが全額出しています」

「役員は？」

「わたしだけです。ヒロシにも、役員になるよう頼んだんですけど、『俺は役員なんてガラじゃねえ』って。でも、営業からなにから会社の業務全般を取り仕切っていたのはヒロシです」

「夢子社長が代表取締役の、いわゆる**【一人役員会社】**ね。ヒロシさんは役員じゃないけど実際には〈決裁権〉を持っていた。とするとヒロシさんは**【みなし役員】**ということになるわね。**形式的には役員じゃなくても経営に参加している人は、税法上は〈役員〉と同じ取り扱いを受ける**ことになっているのよ。それに夢子社長の会社は〈取締役会を作っていない会社〉。となると夢子社長の給料については**〈株主総会議事録〉**もチェックしないといけないわ。夢子社長、株主は1人だけだとしても、便宜上、株主総会議事録があると思うの」

「たしか、オフィスに議事録をファイリングしたバインダーがあったと思います」

「**税務調査では役員の給料は厳しくチェックされる**ものです。

ここで**〈役員報酬の決め方とそのルール〉**について覚えましょう」

「はい、わかりました！」

「まず、役員報酬にはダブルスタンダードがあります」

「ダブルスタンダード？　一体なんですか、それは？」

「言ったとおりよ。２つの基準。**【形式基準】**と**【実質基準】**ね」

「形式基準と実質基準？」

「まず形式基準を説明するわね。形式だから、とりあえずルールに違反していなければＯＫということ。で、ルールというのは２つ。ひとつは**〈役員報酬の全員の合計が株主総会で決めた上限を超えていないこと〉**。つまり、**【役員報酬】は株主総会で決めなければならない**わけ。その証拠として議事録があるの。もうひとつは、**〈役員報酬は、毎月同じ日に同じ金額を支払うこと〉**。これは**【定期同額支給】**と言われるものね」

アッシが決算書をめくりながら損益計算書を指して言った。

「ほら、ここに役員報酬１０８０万ってあるでしょ。株主総会議事録で決められている役員報酬全員の上限の範囲内であればこれはクリアだね。それと、〈夢子くんたち〉の役員報酬が毎月同じ日に同じ金額が支給されていれば、それで形式基準はＯＫということになる」

アッシは、夢子くん「たち」という言葉で、あえて「ヒロシ」の名前を出さなかった。

ミワは思った。（さすがヒロシ先輩だわ）

「いい夢子、ウチのお父さんの会社も家族経営だから、自分（役員）がもらう給料を自分（役員）が決めるわけじゃない？　ルールがなくて自分の給料を自由に決めることができたら、会社の税金を計算するとき、利益操作が簡単にできることになるでしょ？」

「利益操作？」

「たとえば、決算期まであと３カ月というところで会社の予想の利益が５００万あったとするじゃない？　そのとき社長の給料を月１００万円増やしたとしたら、会社の利益はいくらになる？」

「月１００万円増やすのだから決算期までの３カ月で３００万円。３００万円は経費になるから、５００万円の利益は２００万円になるわ」

「そうね、夢子社長。それで会社の実効税率を約30％とした場合、利益が５００万なら税額は１５０万円だけど、利益が２００万円だと税額は60万円。１５０万－60万で90万円も税金が減ることになります。しかしこんな操作を認めてしまったら、誰も会社の税金を払わなくなるわ。だから税法のルールとして**【定時同額】**があるの」

アツシが補足して言う。

「会社の利益を抑えて社長の給料を上げれば、社長個人の所得税が増えてしまう。

でも金額によっては法人税を払うよりも所得税が安いこともあるから、十分税金を抑えることができるよ」

「アッシ先輩、むずかしくてわからないからあとでその辺を教えてください」

夢子はそうアッシに言って、再びエリカのほうを向いた。

「ということは、途中で役員報酬を増額してはいけないということなんですね」

「いけないというより、**役員報酬を増額しても、法人税を計算する際には、経費にならない**ということです。決算書では、**増額した分も役員報酬だけど、税金の書類を作るときには決算書の利益にプラスして税金を計算する**のでその点をよく覚えておかないといけないわね」

ミワも口をはさんだ。

「役員報酬は途中で増額はできないけど、減額することはできるんでしたよね？」

「ええ。当初予定していた役員報酬がどうしても払えないくらい深刻な事態が生じたときには、取締役会もしくは株主総会を開いて減額を決定します」

「それじゃあ、もしも途中で会社の状況が持ち直して、減額する前の報酬を払えるようになったら、元の金額に戻してもいいんですか？」

「それは税法上認められません。減額したあとは減額したままにするのがいいでしょう」

「うーん、役員報酬って複雑なんですね」

「では次に、**【実質基準】**について説明します。これは、形式基準をすべてクリアしていても、その役員報酬の額が適正なのかどうかを実質的に判断して決めるというものです。実質基準は、

〈縦〉と〈横〉を見なければなりません」

「盾と矛？」

「夢子ちがう、タテとヨコ！！」

「〈縦〉というのは、**会社の時系列と業績**。〈横〉は隣の住人、いわゆる**同業者**のことです」

「？」

「たとえば、役員報酬がずっと５００万円だった会社があるとします。ところ業績が落ち、今期は役員報酬を払う前の利益が２００万円になってしまった。そこでこれまでどおり役員報酬を５００万支払ったらどうなります？」

「会社が３００万円の赤字になります」

「そう。損益計算書上は３００万円の赤字。それで役員報酬５００万円を払うというのは物理的に難しい。次の期も、また次の期も同じような業績だったら、役員報酬の未払いがどんどん増えていくかもしれない。未払いが長期に渡ると、未払い額そのものが否認される可能性もあります。これって客観的にみたらおかしなことよね？」

「はい。絶対おかしいです」

「仮に黒字を維持できたとしても、毎年々々業績が落ちているのに役員報酬は少しずつ増額していく。これも客観的にみたらおかしいと思わない？」

「おかしいです。それが実質基準の〈縦〉なんですね」

「そうです。そして〈横〉が、同じような職種、同じような規模の会社と比べてどうかということ」

「でも隣の会社が役員報酬をいくら払ってるかなんて、なかなかわからないですよ。近所にあるウチと同業で規模もほとんど同じの『㈱ナチュラルファーマシー』が役員報酬をいくらにしてるかなんて全然わかりません」

ミワが呆れて言う。

「バカね。隣の会社というのは比喩よ。『中小企業白書』とか、調査会社が出しているレポートとかで、業界ごと企業規模ごとの平均はある程度分かるのよ」

「夢子社長、ここまでの説明を聞いて、役員報酬の決定で何が重要かがわかってきたんじゃない？」

「？」

「役員報酬に関するルールをここにまとめてみましょう」

①役員報酬は株主総会や取締役会で事前に決める

②定時同額、途中で増額はできない

③この①と②の要件をクリアすると会社の経費として認められる

「ここから言えることは、役員報酬を決めるには、**事業計画書（将来の損益計算書）が必要**だということですね。本来、事業計画書は税金のためではなく、会社の将来のために作るものですが、同時に税金の計算にも役立つというわけです」

ミワが得心したように言う。

「タックスプランニング、ってことね」

「そっか。わたしたちのような同族会社では、事業計画をたてることが節税にもつながるということなんですね。会社の経理って過去の数字を処理するだけではないのね」

☆**チェックポイント**

役員報酬は適正な額でない場合、税務調査で否認されることがあります。
適正な額であるためには2つの条件が必要です。

1　形式的要件（定款や議事録に記載している上限を超えないこと。定時同額支給をしていること）

2　実質的要件（その額が規模、業種などから見て不当に高額ではないこと）

◆エピソード18　取引先のピンチに巻き込まれたら!?
(貸倒れと税金)

「おはようございます、夢子社長！」

「あっ、お、おはようございます、エリカ先生」

「あら、夢子社長どうしたの？　なんだか浮かない顔ね。何かあったの？」

「実は昨日の夜、とある懇親会に行ったんです。そこに仲良しの取引先の社長が来ていて、ちょっと話があるって会場の隅っこに呼ばれたんです。で、その『話』というのが……」

「夢子社長、先を続けて」

「はい。その社長の会社の大口の取引先が民事再生法の適用を受けたというんです。その取引先から入る予定だった売掛金が入らなくなったので、ウチへの支払いを待ってほしいと頭を下げられたんです」

「それは由々しき事態ね。**【売掛金】**というのは、いわば絵に描いた餅。約束通りに入金されてはじめて〈現実の餅〉になるものよ。でも会社を経営していれば、こうした場面に遭遇するのは決して珍しいことではないわ。その餅が絵のままで終わりそうなときには会計や税法のルールがあるけれど、それは決算のときに説明するわね。今の課題は、〈最新版の**【資金繰表】**

を更新する〉こと。最新の資金繰表で今月末や来月月初の資金繰りがショートしていないかどうかをいち早く、そして正確に把握することよ。夢子社長、資金繰表を見せて！」

　エリカの言葉にはこれまでとはちがう緊迫感があった。

「実はわたしパソコンが苦手なんで、資金繰表は、経理の数代さんに作ってもらっていました。だから今は、数代さんのパソコンの中にあります」

「夢子社長、資金繰りは〈会社経営の命の綱〉よ。車で言えばガソリン。人間でいえば食料のようなものです。これがないと動かなくなるし、動かない状態が続けば、確実に死が待っている。つまり**【倒産】**よ。これからは経理の数代さんが作った書類は、夢子社長のＰＣでもリアルタイムでみることができるようにしておくこと。いいわね」

「わかりました。いつも最新版のデータを二人で共有します」

　夢子はすぐに数代から資金繰表のデータをもらい、自分のパソコンに入れてから、プリントアウトしてエリカに渡した。

「今月末の入金予定のうち、入金されなくなったお金はいくら？」

「２００万円です」

「夢子社長ここに座って。いますぐ〈**資金繰表の作成の仕方**〉（**91ページ参照**）を教えるわ」

　エリカは夢子をパソコンの画面の前に座らせた。

「ほら、ここに**【売掛金回収】**ってあるでしょ？　この売掛金回収が２００万円分少なくなるように入力して」

「はい……」

　夢子はエリカに言われるままにキーボードを叩いた。瞬く間にエクセルで作った資金繰表の数字が変わった。それを見てエリカの表情がいくぶん和らいだ。

「資金繰表の最後の行、ここね。**【翌（次）月繰越】**って書いてあるでしょ？　これが今月末に会社に残っているお金の残高。どうにかプラスの数字になっているわね。ほらさっきアウトプットした元の資金繰表を比べると月末残高が２００万円分少なくなっているでしょ？」

「へえ～、資金繰表って意外に簡単にできてるんですね。もっと難しいものかと思った」

「そうね、経理の資料は数字がいっぱいで、見るだけで頭が痛くなるという人が多いけど、基本的には小学校の算数程度の計算が多いのよ」

　すると小学生が授業でするように、夢子は右手を挙げて答えた。

「算数なら、わたし得意でした！」

「あらそう。それなら夢子社長にひとつ提案があります。これからは夢子社長が資金繰表を作りましょう！」

「ええ。それはちょっとハードル高いです！」

「一から資金繰表を作れと言われたら、それは確かにハードルが高いでしょう。でも、今やった作業にもう少し手を加えるだけだから、それほど難しくないわ」

〈資金繰表〉 ㈱オーガニックママ H24.4.1 ～ H25.3.31）

（単位　千円）

			２４年８月		２４年９月		２４年10月	
			予　算	実　績	予　算	実　績	予　算	実　績
①前月繰越			4,000	400	4,640		5,230	
経常収支	収入	現金売上	1,000		1,100		1,000	
		売掛金の回収	**4,500**	**←※1**	4,000		4,500	
			0					
		②経常収入合計	**5,500**	**←※2**	5,100		5,500	
	支出	現金仕入						
		買掛金の支払	3,000		3,000		3,000	
		_						
		人件費の支払	1,050		1,200		1,050	
		その他の支払	760		760		760	
		③経常支出合計	4,810		4,960		4,810	
	④経常収支差額②－③		**690**	**←※3**	140		690	
経常外収支		短期借入						
		_						
		⑤財務収入合計	0		500		0	
		短期借入返済	50		50		50	
		_						
		⑥財務支出合計	50		50		50	
	⑦経常外収支差額⑤－⑥		-50		450		-50	
	次月繰越①＋④＋⑦		**4,640**	**←※4**	5,230		5,870	

※１　　　　売掛金の回収が難しくなった金額をここから控除する。

※２、３、４　そうすると、これらの欄及び次月以降の数字が自動的に変わってくるように計算式を入れておけば、資金繰表が簡単に変更できる。

《エリカより》　**エクセル等の表計算を使って簡単な計算式を入れておくと便利ですよ！**

「それならいいんですけど」

「これまでの10年間の税理士生活で、わたしはいろんな社長を見てきたわ。その経験から、わたしなりに、成功する社長と失敗する社長はここが違う！　というのがわかってきたの。そのちがいについて、実は全国の商工会議所や法人会のセミナーで講演しているんだけど、それをきっかけにこんな〈チェックシート付手帳〉を作ってみたの」

　エリカはカバンの中から手帳を取り出した。手帳にはいくつもチェック項目が並んでいた。

「ほら、ここには〈**資金繰表は自分でつくること**〉とあるでしょ。会社の資金繰りは、人間でいえば血液の循環。血液を身体中に行き渡らせるには、心臓が一瞬たりとも止まってはいけないの。大切な心臓の役割を、社長が人任せにするのは危険きわまりないと思わない？」

「言われてみれば、その通りです」

「わたしのクライアントの中に、芸術的センスは抜群だけど、お金の計算が不得手な社長さんがいたの。どうしてもって頼まれて、うちの事務所で資金繰表を作ったわけ。その社長、当時はタニマチのような人がいて、その人からお金と人脈を引っ張っていたの。だからお金に困ることはなかった。うちの事務所では資金繰表を毎週作ってあげてたんだけど、それを社長に渡すと、パッと見て、『うん、わかった、ありがとう！』たったそれだけ……」

「それで、その会社はどうなったんですか？」

「いいときはよかったんだけど、新しい役員が入ってきて、これからは資金繰表は自社でつくるからというので、ウチとの契約は終了したの。でも、わたしはなんか胸騒ぎがして……」

「それでどうなったんですか？」

「半年ほど経ったある日、倒産してしまったわ。原因は新しく入った役員。好き勝手にお金を使い始めたらしくて、それに社長が全然気が付かなかったらしいの。その社長、資金繰りが厳しいことに気付いたときは、時すでに遅しだったわ」

「え～っ、そんな！」

「**〈資金繰表を人任せにしている社長は成長しない〉**。それがわたしなりの結論なの。だから夢子社長、税理士を単に会計の下請け、外注先と思っていてはいけないの。自分の会社を成長させるためにはどうしたらいいか、それを自分の頭で考える際のアドバイザーとして活用する。それが賢い使い方なの」

　夢子は思った。

（この人は、わたしの会社が成長するにはどうすればいいか、本気で考えてくれている。帳簿を作って税金を計算するだけの税理士さんじゃない。〈伝説の……〉といわれる本当の理由がわかったわ）

「夢子社長、資金繰表のことはここまでとしましょう。今後は、支払いの延期を求めているその社長の会社の動きには、十分注意してくださいね。倒産するかもしれないし、夜逃げするかもしれないから」

「そんな！　縁起でもないこと言わないでくださいよ」

「夢子社長、今、会社は２００万円の売上を計上している状態なのよ。単純に考えれば、これに30％の税金がかかっているということなの。お金が入っていないにもかかわらず」

「そんな〜。お金をもらっていないのに税金を払うんですか？」

「それを決算のときに調整していくの。相手の会社がただ単に払ってくれないのか？　それとも法的に倒産の手続きに入ったのか？　夜逃げしたのか？　相手先がどんな状況かによって変わってきます。たとえば、本当に倒産して売掛金を回収できなくなったら、**【貸倒損失】**として税務上の経費になるけど、単に払ってくれないということなら、貸倒れまではいかないわね。決算の時に状況をもう一度聞くので、取引先の動向にはくれぐれも注意を払ってください」

「わかりました。その社長と音信不通にならないように気を付けます」

☆チェックポイント

〈税金のルール〉では、売掛金が回収できない場合、**単に相手が支払わないということだけでは「貸倒れ」として経費に計上できません。相手先が倒産するなど一定の条件が必要**です。

相手先の会社の動向には十分注意を払いましょう。

また、資金繰表はリアルタイムな状況が反映できるように常に社長が管理しておきましょう。

◆エピソード19　消費税は世界で一番厳しいルール？
(仕入税額控除ができる条件に注意！)

「おはようございます、夢子社長。あら、今日は目の周りにクマができているわよ、寝不足ね」

「げっ、エリカ先生は何でもお見通しですね。実は昨晩、遅くまで消費税の本を読んでたんです。いつの間にか眠ってましたけど」

「税法や会計は、よく効く〝眠り薬〟だものね」

「社長として税金や会計のことを少しでも勉強しなきゃと思ったんですが、1人で勉強するのは難しいですね」

「それならいい方法があるわ。こうしてわたしとマンツーマンで勉強するのが一番だけど、セミナーに参加するという方法もあるわ」

「セミナー？　どんなセミナーですか？」

「手っ取り早いのは、法人会や商工会議所の会員になることね。法人会も商工会議所も全国に展開している組織よ」

「法人会と商工会議所ですか。なんか敷居が高そう」

「そんなことないわ。法人会は、税金を正しく払うための勉強会やセミナーを頻繁に開いているの。税理士や公認会計士といった専門家が、会員の経営者のみなさんに、わかりやすく解説してくれるわ。商工会議所も、各種経営セミナーを開催してるの。実はわたし、この間も言ったけど、法人会や商工会議所でセミナーの講師をしているのよ。夢子社長、この機会に法人会や商工会議所の会員になるといいわ。そしてたくさんあるセミナーの中から自分が勉強したいテーマのものを選ぶの。会員は無料だったり会員価格で受けられるから、お勧めよ」

「へえ〜、そうなんですか、なんだか行ってみたくなってきました！」

「じゃあ、あとでどんなセミナーがあるか、一緒にインターネットで調べてみましょう。

ところで夢子社長、消費税の本を読んで、どんな点が難しいと思いましたか？」

「まず専門用語がたくさん出てくることです。次のページを読む気力が萎えてしまいます」

「消費税に限らず、ひとつの税金の仕組みを体系的に覚えるのは、英語の辞書を１ページ目から読むようなものだから難しいのは当然かもね。だから、まずは木を見る前に森を見ることが大切よ。税金の仕組み全体を大きくとらえてから、次に自分にとって重要な部分を見ていく。それがベストな方法です。これはわたしが書いた消費税の小冊子。今日のコンサルを聞いたうえで小冊子を読めば、頭にすっと入ると思うので１冊あげるわね」

「へえ〜、エリカ先生は本も書いてるんですね。じゃあ遠慮なく。ありがとうございます」

「それでは始めましょう。

　ところで夢子社長、消費税を最終的に負担するのは誰？」

「えーと、会社が消費税の申告をしているわけだから……。会社です！」

「ブー、ちがいます。消費税を最終的に負担しているのは〈消費者〉です」

「え、じゃあどうして会社が消費税を納めなくちゃいけないんですか？」

「夢子社長、この前に説明したことをもう忘れたの？　それは消費税が間接税だからです。たとえばオーガニックママが１万円の商品をお客様に販売すると、１万円のほかに５００円の消費税をもらうわよね？　いま『もらう』といったけど、実はもらったわけではなくて**〈預かったもの〉**なの」

「それは分かります」

「じゃあ、その１万円の商品の仕入原価が３０００円だったとしましょう。オーガニックママが仕入れ先に支払った消費税は？」

「今のところ税率は５％だから、１５０円です」

「消費税というのは、単純に言うと、この『預かった消費税５００円』から、『支払った消費税１５０円』の差額、３５０円を支払う税金のことなの。夢子社長、この計算でいくと、会社は消費税で得をする？　損をする？」

「得も損もしません」

「実際には、商品を売るためにかかったお店の家賃とか電気代とかいろんな経費がかかるわよね。しかもそれぞれに消費税がかかっている。それらを集計して会社が支払う消費税は計算されるわけ。だから会社の業績が黒字か赤字かは関係ないの」

「なるほど、ここまで聞いてやっと消費税の仕組みがわかりました。

ところで、うちの会社の場合、消費税で気を付けなければならない点はどんなことですか？」

「そうね、オーガニックママは今のところ１００％国内で仕入れて１００％国内で売っているから特段問題はないけど、**〈海外取引が多くなったら気を付けなければいけない〉**わね」

「実は最近、海外からの〝引き〟も結構あるんですよ。なので海外出張も時々しています」

「あら、そうなの。国内の旅費交通費には消費税がかかっているけど、海外で使う旅費交通費には日本の消費税がかからないから、会計データを入力するときに気をつけないといけないわ」

「確かに海外の出張先で、日本の消費税がかかったらおかしいですよね」

「あとはそうね、夢子社長のところは簡易課税じゃなくて原則課税だから、**【仕入税額控除】**に気を付けないといけないわ。この仕入税額控除という言葉、昨日読んだ本には書いてなかった？」

「ありました、ありました！　もう、なんちゅう日本語だよって思いました」

「日常生活では使わないし、聞きなれない言葉だものね。

この仕入税額控除は、先ほどの１万円の商品の例で言うと、**仕入原価３０００円を支払った際にかかる消費税**のことよ。消費税を計算するとき、**【預かった消費税】**から**【支払った消費税】**

を引く【引き算】をすると言ったけど、その引き算をするための条件が【仕入税額控除】なの。この条件を守らないと、消費税を支払っているのに、引き算を認めてもらえなくなるので特に注意が必要よ」

「ええ〜、支払ったのに引き算を認めてもらえないなんて、会社が損をするじゃないですか！」

「そうよ、だから注意してと言ったの。でもルールを守れば、なにも怖いことはないわ。**〈仕入控除税額の重要なポイント〉**は、**会計データを入力するときに〈情報を省略しない〉**こと。入力するのは**〈取引年月日〉〈金額〉〈取引内容〉〈取引先〉**の４つ。とくに**取引内容と取引先はどちらかだけを書いて片方を省略することが多い**ので気を付けてね」

「わかりました」

「あとはそうねえ、消費税のかかった売り上げが5億円を超えたら、**【課税売上割合】**に気を付けないといけないわね」

「カゼイウリアゲワリアイですか？　エリカ先生、もう死にそうなので、消費税の講義はここで勘弁してくださいよ〜」

「はいはい、わかったわ。じゃあ、消費税はここでおしまいね、あとは決算のときにまた話すわね」

◆エピソード20　自分が変われば相手も変わる

夢子がエリカのコンサルを受けはじめてから1カ月が過ぎた。その間、夢子はママ友たちとの「女子会」に参加することもなく、会社の仕事に集中していた。これまでパラパラとめくったことしかない【総勘定元帳】、【決算書】、【資金繰表】を丹念にチェックする一方、法人会のセミナーで簿記の研修を受け、来月開かれる商工会議所の消費税実務講座のセミナーの予約をとった。夢子が社長室でデスクの上に広げた書類とにらめっこしていると、ノックの音がした。

「はーい、どうぞ」

入ってきたのは数代だった。

「夢子社長、お話があります」

夢子はドキッとした。

(数代さんが辞めるまであと何日もないわ。まさか、退社日を繰り上げて今日で辞めますなんて言うんじゃ……。でも、それならそれで仕方がないわ)

夢子は深く息を吸いこみ、それを吐き出してから言った。

「数代さん、どうしました?」

「わたし、この1カ月ずっと夢子社長の行動を見てきました。今までの2年間、夢子さんはずっとお飾りの社長でしたが、エリカ先生のサポートを得てから夢子社長は変わった。最初は『どうせ三日坊主に終わる』と冷ややかに見てました。でも、そうじゃなかった。それで思ったんです。わたしも夢子社長をサポートしたいなって。夢子社長さえよければ、もうしばらくオーガニックママの社員でいさせてください」

その言葉を聞いた途端、夢子の目から大粒の涙がこぼれ落ちてきた。

（そういえば、前に読んだ本にこんなことが書いてあったわ。《**問題は常に自分の内側にある。自分が変われば相手も変わる**》って。その通りだわ。問題は私自身にある。だから私は本気で変わろうとした。そしたら数代さんも……）

夢子は数代に駆け寄って抱きついた。

「数代さん、ありがとう。そしてごめんなさい。わたし今、本気で変わろうとしています。オーガニックママをしっかり経営して、数代さんたち社員や取引先、そして社会に貢献したい。でも、会計や税金のことは勉強しはじめたばかりで不安がいっぱい。数代さんがいてくれたら、どんなに心強いか。数代さん、本当にありがとう」

数代も泣いていた。互いの泣き顔を見て、二人は照れくさそうに笑った。

◆エピソード21　会社はツラいよ
（年末調整の話）

夢子がエリカの指導を受けるようになってから4カ月が過ぎた。朝晩はめっきり冷え込みむようになった。夢子は週に1度、早起きしてエリカと一緒にウォーキングしている。

ウォーキングしながらコンサルも受けている。

「11月も中旬ね、そろそろ**【年末調整】**の準備もしないといけないわね、夢子社長」

「はい、この間の法人会のセミナーで、エリカ先生が講師を務めた年末調整の勉強会に参加したのでばっちりです！」

「一番前の席に夢子社長がいて、びっくりしたわ。勉強するぞ！っていう熱気が感じられたわ」

「今も体を動かしているので、熱いです！（笑）」

ウォーキングを終えた2人がオーガニックママの社長室に入ると、ドアをノックする音がして、数代が入ってきた。

この日は3人で打ち合わせをすることになっていた。

「失礼します」

数代は、昨年の年末調整の書類を社長室の本棚から手際よく引っ張り出すと、それをテーブルの上に置いた。

「ありがとう数代さん。役者も書類も全部そろって準備OKね！」

「それでは、さっそくはじめましょう。まずは夢子社長に質問！〈年末調整〉はいったい誰のためにするのでしょうか？」

「はい。会社でお給料をもらっているスタッフの方々のために行います。あっ、もちろんわたしの分も入ってます」

「そうです。会社で働いて、お給料をもらっている人の税金は、会社が年末調整という手続きで計算するというシステムになっています。そのため、組織で働くサラリーマンやOLは、大半が自分で確定申告をする必要がありません。**会社はお給料を支払うときにあらかじめ所得税を天引きします**。これを**【源泉所得税】**といいます。その**天引きされた所得税が、実際に計算した所得税よりも多かった場合には、税金が還付され、少ない場合はさらに天引き〈徴収〉される**ことになります。その計算をするのに会社は大忙しになります」

夢子は、年末が近づくと数代が忙しそうに書類を持って回っていたことを思い出した。

（私も、ここに住所と子供の名前を書けとか生命保険の証明書はあるかとか、聞かれたわ。『こっちだって忙しいのよ、もう面倒くさいなあ』なんて内心思っていたっけ）

「夢子社長、今年は年末調整をあなたにやっていただきます」

「げげっ」

「1人でとは言わないわ。数代さんと一緒にね。実際に作業をすれば所得税の仕組みもわかるようになるわよ」

「は、はい、わかりました」

「じゃあ、年末調整に必要な書類は何か？　昨年の資料を見ながらでもいいから言ってみて」

「ええっと、必要な書類は、まずは、①**『給与所得者の扶養控除等申告書』**と、それから②**『給与所得者の保険料控除申告書 兼 給与所得者の配偶者特別控除申告書』**の書類です。あ、こっちの書類には、保険会社からきた小さなハガキがあります」

「そうね。扶養家族がいる場合、個人的に加入している生命保険や地震保険等がある場合には、所得税を計算する際に控除されます」

「だから、ここに保険会社からきたハガキが、保険料を払っている証拠としてついているわけですね。そういえばわたし、病院からもらった領収書をよくとってたなぁー」

　エリカはくすっと笑った。

「夢子社長、**医療費は年末調整では対象にならない**のよ。**医療費控除は年末調整ではなくて確定申告でやるもの**なの」

「そ、そうなんですか？　それは気をつけないと！」

「お願いね。これから作業を進めていくうえで気を付けてほしいのは、〈**税法は変わる**〉ということね。去年のルールが今年は変わっているかもしれない。この間のセミナーでもわたし説明したけど、覚えてる？」

「はい、過去のやり方は、参考にするのはいいけど、そのままやってはいけない。〈**必ず税制改正があったかどうかチェックし、場合によっては顧問税理士さんに確認しながらやるように**〉って、エリカ先生はおっしゃってました！」

「そう。とくに夢子社長のように小さな子供がいる人は注意が必要よ。平成23年分の所得税から扶養控除が改正され、16歳未満の子供に認められていた扶養控除38万円が廃止されています」

「ええ～厳しいなぁ、それは」

「でもその分、**【子ども手当】**というものが新しくできたでしょ。今は**【児童手当】**という名前に変わっているけど」

「そうでした。銀行に〈子ども手当〉が振り込まれ、喜んだことを覚えています」

「ここでまた質問！　お給料をもらっている人でも年末調整の対象にならない人がいます。

どういう人の場合でしょうか？　この間のセミナーで教えたはずよ」

「たしか、お給料がいくらだか以上の人は、自分で確定申告をするんでしたよね？」

「そう、〈２０００万以上の人〉ね、早く夢子社長もそれくらいもらえるようになるといいわね」

「はい、頑張ります！」

「それと、年末調整の作業は、単に税金を計算するだけじゃなくて、いろんな書類をいろんなところに出さなくてはいけなかったわよね？　それは覚えてる？」

「ええっと、みんなの給与が確定したという書類、**【源泉徴収票】**っていう名前でしたっけ。それを作って税務署に提出します。それと市役所に提出するのは、えーと……」

すかさず、数代が助け船を出す。

「**【給与支払報告書】**ですよ」

「そうそう、みんなの所得税を計算した書類は、みんなが住んでいる住所の市役所や区役所などに提出します。その書類が給与支払報告書でした」

「正解、それと、それらをまとめた書類があるんだけど、それはどう？　昨年の資料を確認してみて」

「はい」

夢子は昨年の資料をペラペラとめくってみた。数代はそんな夢子を心配そうに見ている。

「あ、ありました。**【給与所得の源泉徴収票等の法定調書合計表】**でした」

「そうですね。そこには会社のスタッフの源泉徴収票や、税理士であるわたしに払った報酬の支払調書なども添付するの。何を何枚添付するかといった細かいことは数代さんに聞きながら、作業を始めてください」

「はい、頑張ります。数代さん、よろしくね」

年末調整の順序

その年の１月１日から12月31日までの間に支払うべきことが確定した給与の合計額から給与所得控除後の給与の額を求めます。

給与所得控除後の給与の額は、「年末調整等のための給与所得控除後の給与等の金額の表」で求めます。

給与所得控除後の給与の額から扶養控除などの所得控除を差し引きます。

この所得控除を差し引いた金額（1,000円未満切捨て）に、所得税の税率を当てはめて税額を求めます。

年末調整で住宅借入金等特別控除を行う場合には、この控除額を税額から差し引きます。

この控除額を差し引いた税額（100円未満切捨て）が、その人が１年間に納めるべき所得税額になります。

源泉徴収をした所得税の合計額が１年間に納めるべき所得税額より多い場合には、その差額の税額を還付します。

逆に、源泉徴収をした所得税の合計額が１年間に納めるべき所得税額より少ない場合には、その差額の税額を徴収します。

◆エピソード22　償却資産税ってなんですか？

「エリカ先生、昨日、会社の書類を整理してたら、**【償却資産税申告書】**というのがでてきました。これって法人税の申告とは別物のような気がします。前に聞いたけど、そのときはよくわからなかったのでもう一度教えてください」

「償却資産税は、法人税ではなく、**固定資産税の一種**です」

「ああ、固定資産税なら知っています。土地とか建物にかかってくる税金ですよね。でも、その固定資産税の一種とは、どういう意味ですか？」

「それじゃ、決算書でも月次試算表でもなんでもいいから出してみて」

　夢子はパソコンを立ち上げ、「会計データ」のフォルダを開き、そこから**【試算表】**の画面を呼び出した。その画面をみながらエリカは夢子に言った。

「試算表の中の〈貸借対照表〉をみて。ここに固定資産が書いてあるでしょ？」

「はい、建物は賃借だから、建物付属設備、工具器具備品、自動車なんかが書いてあります」

「そうね、固定資産税というのは、固定資産を持っていることによってかかる税金で、**【保有税】**っていうの。夢子社長が言うとおり、固定資産税というと、土地や建物にかかることで有名なんだけど、貸借対照表にあるように工具器具備品なども固定資産税なの。しかも減価償却する固定資産でしょ？　それで償却資産税っていうの」

「償却する資産についての固定資産税っていう意味なんですね。ちなみに自動車にも固定資産税ってかかっているんですか？」

「自動車の場合は、自動車税がかかります。自動車を持っていることによってかかる税金だから固定資産税の仲間です。夢子社長、この書類のあて先をよくみて。なんて書いてある？」

「○○都税事務所って書いてあります」

「この書類は、税務署じゃなくて〈**都税事務所**〉に出すものです。東京は、都税事務所ですが、県だったら県税事務所になります」

「なるほど」

「あとね、申告書って書いてあるけど、これは保有している償却資産をいつ、いくらで買ったかを申告するだけで、税金の計算は自分ではしません。ここが法人税などとちがうところね」

「そういえば、土地や建物の固定資産税や自動車税も自分では計算しないし……。これもそうなんですね」

「自分で税金を計算して納めることを【**申告納税方式**】といいます。これに対して役所が税金を計算することを【**賦課課税方式**】といいます。

気を付けたいのは、**償却資産税の申告の締め切りは毎年1月31日**だということね。

年末調整やその後の法定調書など一連の手続きも1月31日までに済ませなくてはならないので、会社も会計事務所も12月と1月は大忙しなのよ」

「今年は数代さんと一緒に頑張ります！」

第三幕　　決　算

◆エピソード23　決戦は決算日！

（在庫、売上原価と法人税の密接な関係）

クリスマスが終わり、あっというまに年が明けた。ヒロシからは依然、連絡がない。

（いまはヒロシより、経営者としての責務を果たすことに全力を傾けるしかない）

夢子は新年にあたって、そう決意を新たにするのだった。

「年末調整手続きもほぼ終わったわね。会社の経理部がどれだけ忙しいか、夢子社長は身をもって体験した。経営者として得難い体験だったでしょ？」

「はい、実際に手や頭を動かすと、頭で考えているのとは全然ちがうことがよくわかりました。数代さんやエリカ先生にはだいぶ助けられました。ありがとうございます！」

夢子は嬉しそうにエリカに頭を下げた。そんな夢子を見てエリカはニンマリした。

（なかなかどうして、経営者の顔つきになってきたわね）

「夢子社長、年末調整が終われば今度はいよいよ会社の決算。〈決戦は決算日〉よ！」

「エリカ先生、それってもしかして、ドリカムの『決戦は金曜日！』にかけてます？　面白いんだかつまらないんだか、ビミョーですね」

「なに？　わたしにツッコミを入れるなんていい度胸しているじゃない（笑）」

「いや、ツッコミというわけじゃ……」

「まあ、いいわ。世の中の社長さんの中には、決算日が過ぎてから『決算だ！決算だ！』って騒いでいる人がいるけど、決算日を過ぎてからでは遅いこともあるの。とにかく、決算前にはしなければならないことがたくさんあるのよ。だからわたしはいつも〈**決算前対策**〉って口をすっぱくして言っているの。それと、決算日当日にもしなければならない大切なことがあるけど、決算前対策であらかじめきっちり準備しておけば、決算日にあわてずに済むわけ。

　ところで夢子社長、決算日当日にしなければならない重要なことが2つあるんだけど、なんだかわかる？」

「はい、それは〈**現金を実際に数えること**〉と、〈**在庫を実際に数えること**〉です！」

「正解！　夢子社長、よく勉強しているわ。感心、感心」

「だってこの間、エリカ先生、わざわざ宅急便で本を送ってくれたじゃないですか。『小さな会社の経理の仕事』って本。著者名を見たら先生の名前が書いてあったから、読まないわけにはいかないじゃないですか。経理の数代さんがここ数日、風邪をひいてお休みしているので、ミワとアツシ先輩の3人でこっそり勉強会をしたんですよ」

「こっそり？　ふ〜ん、それは熱心ですこと。では勉強の成果をアツシ先輩にも見てもらいましょう！」

エリカは、カバンから携帯電話を取り出した。

「もしもし、エリカです。……はい、……そうなの。……1分でこっちに来て！」

夢子はあわててこう言った。

「えっ？　1分でアッシ先輩が来るんですか？　お化粧直さないと！」

本当に1分ほどでアッシがやってきた。

「おはようございます、エリカ先生、夢子くん。今日は僕もオブザーバーとして参加させてもらうよ、夢子くんもそのほうがいいかなと思ってさ」

エリカも付け加えた。

「夢子社長にとっては初めて自分でやる決算だから不安でしょ？　少しでも気持ちを楽にしてあげようと思って、アッシ社長を呼んだのよ。コンサルが終わったら久しぶりにランチしましょう。ちなみにこれからの夢子社長の頑張り度によってランチのグレードが決まるので頑張ってください」

「そうなんだ。今日のランチは夢子くんの頑張りにかかっている」

「が、頑張ります！」

夢子は気合が入るとともに、少しばかりプレッシャーを感じた。

「では、さっそく話を進めていきましょう！　まずは簡単なほう。決算日には現金の実査をするという話からです。現金の実査は、決算日に限らず、日々やっているものですよね？　これまでも月末の実査で合わないところがあったようだけど、チェックしなおして、金額が合わない原因はみつかりましたか？」

「はい、合わなかった分は、領収書が抜けていたり、領収書の金額を読み違えて会計データに入力したりしてました」

「なるほど。決算日もしっかりと実査して、帳簿と現金が一致していることを確認してくださいね」

「わかりました！」

「次に決算日の在庫のほうね。オーガニックママは、オーガニック商品を仕入れているわけですが、期末にどんな商品がいくら残っているか、それを人間の目で確認します。実際の在庫と書類上の在庫が一致しているかどうかを確認するわけですが、それには夢子社長、数代さん、そしてわたしも立ち会います」

「はい！」

「ところで夢子社長、在庫がどのくらいあるかは、税金の計算にも大きく影響するんだけど、わかるかしら？」

「〈在庫を確認する〉ということは、**仕入れた商品を、当期に売れたものと翌期以降に売れるものに分ける**ということです。**当期に売れたものは当期の売上原価になり、翌期以降に売れるものは在庫として当期の売上原価の計算からはずしていきます**」

「素晴らしいわ夢子社長！　在庫を確認するということは、売上原価を計算することになるから、税金の計算に影響を与える重要な作業であることがわかりましたね」

「はい、しっかり決算日には在庫を確認します」

「在庫を実際に数えてみると、盗難とか、入力ミスなどが原因で、帳簿の残高と実際の残高の個数がちがっている場合があります。また、実際の在庫品の中には、キズや破損で不良品となっているものもあるかもしれません。あるいは、流行遅れ（死に筋商品）になって売れなくなってしまったものとか。これらは**【棚卸減耗費】**といって当期の**【費用】**に計上します。夢子社長、在庫の個数は実際にカウントすることによってわかるわけだけど、**【売上原価】**の計算の方法は？」

「**商品の個数×単価**です」


「その通り。個数がわかっても単価がわからなければ計算できません。で、単価はどうやって計算するの？　たとえば、このオーガニックのパスタの仕入値、仕入れるたびにちょっとずつ単価が変わっていませんか？」

「ホントだ。ええっと、単価の計算方法はいくつかあるってところまでは覚えているけど、すいません、忘れました」

「じゃあ、アッシさん、フォローしてください」

「夢子くん惜しい！　あともう一歩のところだったのに。在庫の評価方法は、**【個別法】**とか**【先**

入先出法】とか**【移動平均法】**とかいろいろあるけど、自分が使いたい方法を税務署に届けることになっているんだ」

「ウチはとくに届け出をしていなかったような気がしますが」

「法人税法の規定では、とくに届け出がない場合は**【最終仕入原価法】**で計算することになっているんだ」

「最終仕入原価法？」

「言葉の通りで、**〈最後に仕入れたときの原価（仕入金額）を単価にして計算してもいい〉**っていうことさ」

「なるほど、だから最終仕入原価法。それはよいことを知りました」

　エリカが補足する。

「それと、もうひとつ。実はさっきアッシ社長が言った個別法や先入先出法、それに最終仕入原価法は、時価を考慮に入れていない考え方なの。これを**【原価法】**といいます。これに対して、決算日に時価がものすごーく下落していたりした場合には、下落した時価で在庫を評価してもいいことになっていて、これを**【低価法】**といいます。一部の上場企業はこの低価法が強制適用になっていますが、税法上は、原価法と低価法のどちらも認められています。あと、夢子社長の会社は有価証券を保有していないけど、有価証券をもっている場合にも評価方法があるのよ。それはあとで表にまとめておくので、こんなルールがあるんだっていうこと程度におさえておけばいいわ」

　アツシは続けて言った。

「在庫の単価のとり方だけでもいろいろあるよね。それによって会社の利益が変わってくるんだ」

「どう変わるんですか？」

「そうだね、たとえばある商品の在庫が１０００個あったとするよね。その単価が先入先出法で計算したら２０００円だったとしよう。でも最後に仕入れたときの単価が１５００円だったとしたら在庫の金額はどうなる？」

　夢子は電卓を叩いた。

「在庫の計算は、単価×原価だから、先入先出法だったら１０００個×２０００円で２００万円。最終仕入原価法なら１０００個×１５００円で＝１５０万円です。50万円も在庫の金額が変わることになりますね」

「その通り。在庫の金額が変われば売上原価の金額が変わる。売上原価の金額が変われば、当然会社の儲けも変わってくる。この場合、最終仕入原価法で計算すると儲けが50万円少なくなってしまうんだ。その分税金も少なくて済むけどね」

「じゃあ、最終仕入原価法のほうが税金が安くなっていいじゃないですか。やったあ！」

　はしゃぐ夢子をたしなめるように、アツシが言った。

「節税はもちろん悪くはないけど、それで『やったあ！』っていうのはどうかな。そもそも夢子くんはなんのために会社を経営してるの？　節税のため？」

「ち、ちがいますよ」

「じゃあ、なんのため？」

「うちの商品を買ってくれた人が、毎日を健康に笑顔で過ごしていただくためです。

みなさんが幸せになるためですよ」

「なるほど。だったら、より多くの人が幸せになるためにも、会社が赤字続きで、挙げ句の果てにつぶれてしまったら元も子もないよね。節税はもちろん悪くはない。でも、売上や利益を伸ばして税金を払ったほうが、会社のあるべき姿だとボクは思うな。それに、きちんと利益を出して税金を払っていれば、大きなビジネスチャンスが来た時、銀行に融資の相談にも行けるしね。おっと、在庫の計算方法の話からちょっとちがう方向にいっちゃったようだね」

夢子は素直に感動した。

「さすがはアツシ先輩です。経営者を10年もやっているだけに人間の器が違いますね、尊敬します」

「いやいや、これも実はエリカ先生から教わったことなんだ。僕も会社をはじめたころは、税金なんか払いたくないし、払えないよ～って、泣き付いたものさ。でもエリカ先生に、〈**あなたは何のために会社を経営しているんですか？**〉って言われてね。今はきれいごとじゃなくて、会社経営は人を幸せにするため、税金は社会貢献のひとつだって心からそう思っている」

　エリカが照れくさそうな顔をして割って入った。

「先入先出法と最終仕入原価法の話から会社経営の理念の話になってしまったわね……。話を元に戻すわ。在庫の計算方法に限らず、税金の計算にはルールがいくつもあります。それで税金が少しずつ変わってくるというのも事実です。次回話をする**【減価償却】**もそう。でも、選択肢がいろいろあるからといって、いつでも自由に選択できるかというとそうじゃないの。そこでは一定の継続性が求められます。毎年計算方法をコロコロ変えてしまうと、会社の利益を恣意的に操作している（**【利益操作】**といいます）のではないかと疑われるでしょ？疑われると税務調査で否認されることもあるので気を付けてくださいね」

「はい」

　言いながら、夢子は神妙な気分になった。一瞬の沈黙のあと、エリカが言った。

「さて、今日のコンサルはこれでおしまい。これからランチにしましょうか。今日は夢子社長が頑張ったので、和食の松コースでいきましょう！」

「やった〜！」

「和食の松コースか。懐は痛いけど、夢子くん、今日は頑張ったからね。よし、レディー２人をエスコートしよう」

「アツシ先輩、レディーをもうひとり追加してもいい？」

「え、もうひとり？　もちろんかまわないけど……ミワくんかい？」

「ちがいます。経理の数代さん。彼女にはいつもお世話になっているし……」

エリカが笑いながら言った。

「アツシさん、では女性３人のエスコートお願いしますね。覚悟はできてる？」

「参ったな。わかりました。今日はこれから素敵なレディー３人の執事となりましょう」

社長室に３人の笑い声がひろまった。

◆エピソード24　払っていないボーナスも経費にできる秘策
（未払賞与による節税対策）

「夢子社長、去年はスタッフのみんなに決算期末のボーナスを支給していたようだけど、今年はどうしますか？」

エリカが去年の決算書をみながら夢子に尋ねた。

「はい、今年は去年以上にみんな頑張ってくれたので、増収増益になりました。なのでスタッフのみんなにボーナスを支給しようと思っています」

「そうね。従業員のモチベーションがアップしてこそ会社経営もうまくいくわけだから、いい案だと思います。ところでボーナスを払う資金はあるの？」

「それが……。いまはカツカツなんです。4月にはいると大口のお客さんからの入金があるんですけど」

「じゃあ、今期中には無理だとしても、4月30日までには支払うことができるわね？　それなら会計上も税法上も経費になる方法があるわよ」

「それは嬉しいです。是非教えてください」

　夢子は身を乗り出した。

「決算期末までに賞与が未払いでも税務上の経費になるための条件は3つあります。

　1つ目は、**すべての従業員に、各人いくら支給するかを通知していること。**2つ目は、**すべての従業員に通知日を含む事業年度の翌期首から1カ月以内に実際に支払うこと。**3つ目は、**通知日を含む事業年度に損金経理していること。**どう？　わかったかしら？」

「すいません、うちの会社で言えばどういうことか、具体的に教えてください」

「じゃあ、具体的に説明するわね。1つめは、すべての従業員に個別に、〈**あなたにはいくら払います**〉と言わないといけないということね。言った言わないのトラブルにならないように、〈**賞与支給決定通知**〉のような書類を作って、それに従業員のハンコをもらっておくなど証拠書類を作っておくのがいいわね」

「はい、わかりました」

「2つめは、オーガニックママは3月末が決算日だから、決めた賞与は4月30日までに実際に支払うようにする。そして3つ目は、今回の決算で、損金経理をしておかなければならないということです。損金経理というのは、次の決算期に支払うボーナスを今期の決算であらかじめ費用（または損失）として経理処理しておくということです」

「はい、さっそく作っておきます！　決算は決算が過ぎてから考えると後手に回ってしまうんですね。エリカ先生のおっしゃった**【決算前対策】**がいかに大切なのか、よーくわかりました」

〜〜〜　そして、決算日　〜〜〜

◆エピソード25　恋も資産も使い捨て？　長持ち？

（減価償却費、繰延資産の計算）

今日は4月10日。10日前の3月31日、夢子は無事に現金の実査と実地棚卸を終えている。

これからはいよいよ、**【決算書】**と**【税務申告書】**を作る作業に入っていく。決算修正前の月次では、２００万くらいの黒字になっていた。明日はエリカのコンサルの日だ。

思えばヒロシがいなくなってから9カ月。長かったような短かったような……。

夕方、夢子が感慨にふけっていると、ミワから久しぶりに電話がかかってきた。

「ミワだけど。久しぶり。元気でやってる？　これからいよいよ決算ね。実はウチの会社の決算が終わってやっと一息つけるようになったの。だから夢子の決算、手伝ってあげるわ」

「ほんと？　最近ミワと会ってなかったからどうしているかなって思っていたんだ。アツシ先輩にはこの前、いろいろ教えてもらったうえにランチまでご馳走になったんだけどね。決算が終わったばかりなら、ミワも知識が豊富のはずね。ぜひお願い！」

「実はエリカ先生にも、夢子の手伝いをしたいって言ったの。そしたら、じゃあ男子禁制でやりましょう！ってことになったの。じゃあ明日、夢子の顔見に行くね！」

　夢子はなんで男子禁制なのかよくわからなかったが、深く考えないで寝ることにした。


　翌朝、夢子が会社に行くと、会社のドアの前にミワが立っていた。

「夢子おはよ～。家からジョギングしてきたから、早く着きすぎちゃった。それにしてももうすっかり春ね」

「ミワもジョギングはじめたんだ。わたしもエリカ先生と一緒に走ってるの。週1回だけどね」

　夢子とミワが社長室に入って5分ほどしてエリカがやってきた。

「今日は〈**【固定資産】**と**【減価償却】**〉について説明します。

　用意するものは、**①去年の決算書一式**と**②月次試算表**、そして**③固定資産台帳**ね」

「はい、昨日のうちに用意しておきました！」

「さすが夢子社長、用意周到ね」

「はい。決算であわてないように、日々の勉強もばっちりです！」

言いながら夢子はミワと目をあわせてくすっと笑った。

「それじゃあ、はじめるわね。減価償却の意味はわかりますか？」

「はい、会社で使う建物や機械、工具器具備品などは、買ったその事業年度だけじゃなくて何年かにわたって会社の売上に貢献していくので、**買った時の経費にするのではなく、耐用年数に応じて分割して経費に**します。それを**【減価償却費】**といいます」

「夢子社長、勉強してきましたね。たとえば、建物や機械あるいは、店舗にある陳列棚とか大型冷蔵庫、パソコンやビデオカメラなどの固定資産は、買ったその年に使い切って捨てるようなことはしません。**いったん貸借対照表の資産に計上し、それらを使った年数に振り分けて経費を計算していく**のです。ところで夢子社長、きょう男子禁制にした意味がわかりますか？」

「もしかして、ボーイフレンドは使い捨てよりも何年かにわけて自分に役立つような人を選ぶのがいいとか？」

　ミワが手を叩いた。

「夢子、正解よ！　まあこれはエリカ先生じゃなくて、わたしが考えたんだけどね。男性も安っぽい人は消耗品費で一気に経費として落としてもいいけど、どうせなら、立派な人を固定資産に計上して、何年も自分に貢献してもらい幸せを感じたほうがいいかなと思ってさ。こんな話、アツシ先輩の前で言ったらまずいから、今日は男子禁制にしてくださいとエリカ先生にお願いしたのよ」

エリカが苦笑する。

「なんだか女子会みたいになってきたわね。その話は今日のコンサルが終わってからゆっくりしましょう。会社で使う建物や機械、工具器具備品といったものは、通常は買った年の事業年度ですべて使い切ることはないだろうから、いったん資産に計上し、何年かの事業年度にわたって費用に配分していく方法を、会計上も税法上も採用しています。それを**【減価償却費の計算】**と呼びます。ただし、中には固定資産に計上しないで、その年の**【経費（損金）】**として落とせるものもあります。夢子社長、その条件とはなんでしょう？」

「はい、**使用期間が1年未満であるもの、それと10万円未満の場合**です」

「そうです。その場合は資産に計上しないで、消耗品費などの経費にしていいのです。税法でも同様に認められています」

「ふ〜、よかった。まずは第1関門突破ですね」

「次はちょっと難しいわよ。**【一括償却資産】**とはなんでしょうか？」

夢子が返答に困ったので、ミワが助け船を出した。

「うちの会社にもあったので、わかります。一括償却資産とは、**取得価額が20万円未満の減価償却資産で、合計額を3年で均等に償却することができるもの**です」

「さすがミワさん。やっぱり実際に決算を体験するとちがうわね」

「いえいえ。ところでエリカ先生、金額基準でいえば20万円を超えたところから、あの複雑な減価償却の計算が出てくるのですね」

ミワが、これから恐ろしい話が始まるかのように、顔をしかめていった。

「ミワさん、夢子社長にプレッシャーをかけたらかわいそうよ。

大丈夫、減価償却の計算は改正があったりしてちょっと複雑なだけで、しっかり今日は覚えてしまいましょうね！」

「は、はい、よろしくお願いします」

「まずは、減価償却の計算方法です。減価償却の計算方法には税法が認めたいくつかのルールがあります。もっとも有名なものは**【定額法】**と**【定率法】**です。〈定額法〉というのは文字通り、**耐用年数を通じて毎年同じ額だけの減価償却費を計上する方法**です。ここでいう耐用年数とは、実際に何年耐えられたかといったことではありません。だって、壊れてみないと耐用年数なんてわからないでしょ？　税法上は、資産の種類によって、これは耐用年数が何年というふうにあらかじめ決まっていて、それに従って減価償却費を計算します。だから定額法は、非常にシンプルな方法なの。たとえば１００万円の固定資産で耐用年数が10年だとしたら、単純に計算をすると10万円ずつ10年で減価償却費を計上することになります」

「減価償却ってそんな簡単な計算なんですか？　ラクちんじゃない、ミワ！」

「まあ、今のところはね……」

２人のやりとりを見ながらエリカが続ける。

「それに対して、〈定率法〉は、**減価償却が終わった残りの価値（残存価額）に一定の率をかけて計算をしていく方法**です。ミワさん、この場合の減価償却の計算はどうなるかわかる？」

「一定の率をかける金額がどんどん減っていくので、毎年の減価償却費は同じ額になりません。買った年度が一番多く減価償却費が計算され、徐々に少なくなっていきます」

「そう。定率法は初年度に一番多く減価償却費が計上されるものです。ところで、夢子社長の会社は定額法、定率法、それともほかの方法か、どれを採用しているかわかりますか？」

「うちの会社は特に何も届け出を出していないと思います」

「〈税法〉では、**とくに届け出を出していない場合には〈定率法〉を採用したものとみなされます。ただし、平成10年4月1日以後に新規に取得した建物については、定額法で計算するというルールがある**ので、両方の計算の仕方を覚えておくべきね」

「はい」

「実はその固定資産をいつ買ったかによって、計算方法が変わってくるの。平成19年3月31日以前に取得した減価償却資産の定額法や定率法、平成19年4月1日以後に取得した減価償却資産の定額法や定率法は計算方法が変わっています。ちょっと**この表（１２９ページ参照）**をみてくれる」

エリカは、ホワイトボードにマジックで表を書いた。

	H19.3.31 以前に取得	H19.4.1 以後に取得
定額法	償却限度額＝（取得価額—残存価額）×償却率	償却限度額＝取得価額×償却率
定率法	償却限度額＝（取得価額—すでに損金算入された償却額）×償却率	償却限度額＝（取得価額—すでに損金算入された償却額）×償却率

「まず定額法。平成19年3月31日を境にして、何がちがう？　夢子社長」

「はい、平成19年3月31日以前のほうには**【残存価額】**という言葉がありますが、平成19年4月1日以後のほうには残存価額がありません」

「その通りです。平成19年3月31日までは耐用年数を過ぎたあとの処分価格として残存価額を計算していました。ところが残存価額をなくして早く費用化するほうが国際競争上よい方法だという声が経済界から強くなり、平成19年の改正で定額法・定率法の抜本的改正が行われました」

「ば、抜本的ですか？」

エリカが続ける。

「その抜本的な改正で、残存価額制度がなくなったの。ただまるっきり0円にしてしまうと、実際に会社に存在しているにもかかわらず帳簿上からなくなってしまうので、それを避けるために1円は残しておこうということになっています」

「それを**【備忘価額《びぼうかがく》】**っていうのよ」

「ビボウカガク？」

ミワが口をはさむ。

「もう夢子、今、〈美貌科学〉って思ったんじゃないの？　美貌を科学するなんてアンチエイジングの追求みたいだけど、忘れないためのものだから**【備忘価額】**っていうのよ」

エリカがホワイトボードに「備忘価額」と大きく漢字で書いた。

「ミワさん、突っ込みどころが完璧ね！　ちなみに取得原価には、買ったものの値段だけではなく、引き取ったときの運賃や運送保険料、手数料など、購入するときにかかった費用も入ります。あと、償却率だけど、耐用年数から償却率はいくらっていう表があります。『**減価償却資産の耐用年数等に関する省令**』の**【別表第七】**と**【第八】**ね。耐用年数が何年かっていうのもあらかじめ表（これも「減価償却資産の耐用年数等に関する省令」の別表第一から第六までに規定されています）があるので、そこから計算をしていきます」

「なるほど、定額法はなんだかできそうです。問題は定率法ですね。大丈夫かなぁ～」

「大丈夫よ、頑張れば！」

「そりゃあ、頑張ればなんだってできるだろうけどさ～」

心配顔の夢子を励ますようにエリカが言う。

「定率法は、さっき言ったように、最初に大きく減価償却費が計上されるやり方なんだけど、実は固定資産にかかる費用を逆に平準化するなかなかいい方法なのよ」

「どうしてですか？」

「固定資産は耐用年数によって費用を少しずつ配分していくと説明したけど、そうはいっても使っているとくたびれて壊れてしまうこともあるわよね。そういう場合はどうしますか？」

「修理して、使えるようにします」

「そうよね。定率法は年数が経てば経つほど減価償却費は少なく計算されるけど、その分修理代がかかります。減価償却費と修理代をあわせれば固定資産の費用配分は結果的に平準化されることにならない？」

「なります。そっか、定額法だと毎年同じ金額が減価償却費として計上されるけど修理代をあわせて考えれば、年数が経過したほうが費用が増えるってことになるわけですね」

ミワが感心していう。

「夢子、すごいじゃない。そういえばアンタ、小学生の時、算数が得意だったものね。
さては今までよっぽどサボっていたな！」

「まぁ、わたしがやる気を出したらこんなものよ！」

「お二人さん、定率法はこれでおしまいじゃないのよ。
ここから定率法はもっと複雑になっていくので、覚悟してついてきてね」

「あ、そうでした」

「平成19年４月１日以降に取得した資産を定率法で計算するときの償却率は、定額法の２５０

％の償却率で計算することになったの。これを【**250％償却法**】といいます。

税法で減価償却費に計上できる（損金に算入できる）金額は〈**償却限度額**〉まで。償却限度額が〈**償却保証額**〉に満たない場合には、【**改定償却率**】というものを使って計算します。これらは、耐用年数や償却率の表の次のところに規定されているのでそこをみればわかります」

「エリカ先生、なんだかよくわかりませんが、要するに、どんどん減価償却費を計上していって償却保証額っていうのに満たなくなったら、改定償却率という別の数字を使って計算するっていうことなんですね。実際に出てきたときに教えてください」

「そうね、これは実際の数字でみるといいわね。実は最後にもうひとつ改正があるんです」

「え〜、まだ改正があるんですか？　もう頭から湯気が上ってきました」

「じゃあ、ここでコーヒーブレイクにしましょう！」

「リラックスするためにカモミールティーを買ってあるので、それをいれますね！」

夢子は席を立って給湯室に向かった。

☆250％償却法と200％償却法

「では、続きをやりましょう！　平成24年の税制改正で、実はこの250％償却法が200％償却法に変わりました。これは、法人税率が引き下げられたため、課税ベースは広げようという考えの下で改正されたもので、平成24年４月１日以降に開始される事業年度からは２００％定率法で計算することになります。夢子社長の会社の事業年度は〈４月１日～３月31日〉ですが、たとえば１月１日～12月31日までの事業年度では期の途中で２５０％償却法だったり２００％償却法だったりと大変なので、一定の経過措置が設けられています。

それと、ほら、この資産は９月に買っているわね。こういうときは12カ月分の７カ月というふうに計算をしていきます」

「減価償却は複雑ですね」

「とくに平成19年の抜本改革でちょっと複雑になったけど、わたしがついているから大丈夫よ」

☆少額減価償却資産の特例

「それとね夢子社長、青色申告をしている中小企業については**【減価償却費の特例】**があるの。これに該当すれば難しい減価償却費の計算をせずに、購入した事業年度で損金経理をちゃんとすれば、税法上全額経費に認められる特例があるのよ。その特例は**【少額減価資産の損金算入】**といって、**取得価額30万円未満の少額減価償却資産で１事業年度あたり３００万円に達するまで認められています**」

「へえ～、そんな特例があるんですか。それは素晴らしい特例です。うちはこれを使うとかなり助かります」

「でも特例はあくまでも特例、期限付きです。いまは期限が延長されているけど、そういつまでも延長されっぱなしというわけではないので、やはり減価償却費の計算はしっかりと覚えておくのが賢明ですよ」

☆修繕費と資本的支出

「減価償却費の計算に関連して、修繕費についても話しておきますね。さきほど、固定資産も年数が経てばガタがきて壊れてしまい修理代もかかるって話をしたわよね？」

「はい、しました。修理代は修繕費って科目を使って仕訳するんでしたよね」

「ところで、修理代はどんな場合でも経費にしていいのでしょうか？

たとえば、修理したらもとの固定資産よりも立派になって、使える期間が延長されたとか、機能性がすごくよくなったとか……」

「う～ん、もともとの減価償却の考え方からいえば、そういう場合は、一気に経費で落とさずに、やっぱり何年かの費用に配分したほうがいいような気がします」

「そのとおりです。壊れたものを直すだけの場合は修繕費として経費にしていいと思います。だけどさっき言ったように、使用期間が延長になるとか、価値が高められるような場合には、

別表第七

減価償却資産の耐用年数等に関する省令より

平成19年3月31日以前に取得をされた減価償却資産の償却率表（一部抜粋）

耐用年数（年）	旧定額法の償却率	旧定率法の償却率
2	0.500	0.684
3	0.333	0.536
4	0.250	0.438
5	0.200	0.369
6	0.166	0.319
7	0.142	0.280
8	0.125	0.250
9	0.111	0.226
10	0.100	0.206

別表第八

平成19年3月31日以前に取得をされた減価償却資産の償却率表（一部抜粋）

耐用年数（年）	償却率
2	0.500
3	0.334
4	0.250
5	0.200
6	0.167
7	0.143
8	0.125
9	0.112
10	0.100

別表第九

平成 19 年 4 月 1 日から平成 24 年 3 月 31 日までの間に取得をされた減価償却資産の定率法の償却率、改定償却率及び保証率の表（一部抜粋）

耐用年数(年)	償却率	改定償却率	保証率
2	1.000	—	—
3	0.833	1.000	0.02789
4	0.625	1.000	0.05274
5	0.500	1.000	0.06249
6	0.417	0.500	0.05776
7	0.357	0.500	0.05496
8	0.313	0.334	0.05111
9	0.278	0.334	0.04731
10	0.250	0.334	0.04448

修繕費ではなく**【資本的支出】**といって固定資産の取得価額にたいして同じように減価償却の計算をしていくのです」

「シホンテキシシュツ？　だめだ、滑舌悪くて言えないわ」

◆エピソード26　繰延資産

「減価償却費と修繕費の説明が終わったので、ここからは**【繰延資産】**に入ります」

「繰延資産？　資産を繰り延べるってどういうことですか。今日できることは明日に引き延ばすなって、おばあちゃんに言われて育ったんですけど」

「それはいいおばあちゃんだこと。ここでは具体例をみたほうがよさそうね。決算書の貸借対照表を見て！　ここに**【創立費】**、**【権利金】**っていう科目がありますが、これを繰延資産っていうの。あとは権利金なんかも税法上は繰越資産に該当します。決算書では**【長期前払費用】**という科目で載っているんだけどね。かかった**【費用】**をその効果が及ぶ期間に配分しようっていうものなの。目的は減価償却費の計算と同じで、**【損益計算】**をより適正にしようという会計や税法の考え方です。ここで重要なのは**【効果が及ぶ期間】**がどのくらいかということ。これについては会社独自で全部決めていたら会社ごとの公平さがとれなくなるから、税法上のルールが定められています」

「創立費ってなんですか？　会社を設立したときのことよく覚えてないんです」

「創立費は、会社を設立するときにかかった費用で、具体的には、定款を作る費用や設立登記にかかった登録免許税などをいいます。それと権利金は、ここのオフィスや店舗を借りるときに払った権利金のことです」

「あ～、思い出しました。会社を作るときに公証人役場と法務局に、わたし行きました！　このオフィスを借りるときも確かに権利金を払いました。わたしはてっきり、それらは経費というか損金に計上されているのかと思っていました」

「この繰延資産は、会計上と税法上でちょっとちがうの。ホワイトボードに書くから見てね」

「先生、頭が痛くなってきました」

「わたしもです」

　ミワも音をあげた。

「ある程度網羅したけど、夢子社長に関係あるところだけ太字で書いておいたわ。創立費は会計上にもある繰延資産で、**【任意償却】**といっていつでもいくらでも償却、すなわち損金に計上してもいいということなの。ここに残っているのは、1期目は赤字だったし、2期目もこれを計上したら黒字が少なくなるからあえてしなかったのかもしれないわね。いずれにしても今回の決算でこれは損金に計上してもいいし、しなくてもいい科目です。もうひとつの**権利金**。税法上は一応**5年**としていますが、但し書きがあって、たとえば契約期間が切れ、更新料を支払わないと借り続けられないような場合、権利金はその契約期間内で償却します。このオフィスはたしか2年契約だったわよね。そういう場合は5年じゃなくて2年で費用配分をしていってもいいのよ」

会計上の繰延資産	創立費・開業費・開発費・株式交付費、社債発行費 →任意償却（いつでもいくらでも償却できる）
税法上の繰延資産	公共的施設の設置又は改良のために支出する費用 ☆道路、堤防、護岸、その他の施設等の設置等のために要する費用
	共同的施設の設置又は改良のために支出する費用 ☆法人がその所属する協会、組合、商店街等の行う共同的施設の建設又は改良に要する費用の負担金をいう。
	資産を賃借するための権利金等 ☆建物を賃借するために支出する権利金、立退料その他の費用
	ノーハウの頭金等 ☆ノーハウの設定契約に際して支出する一時金又は頭金の費用
	広告宣伝の用に供する資産を贈与したことにより生ずる費用 ☆自己の製品等の広告宣伝等のため、広告宣伝用の看板、ネオンサイン、どん帳、陳列棚、自動車のような資産等
	その他として、スキー場のゲレンデ整備費用・出版権の設定の対価・同業者団体等の加入金・職業運動選手等の契約金等

◆エピソード27　預金利息にも税金がかかっているの？

「夢子社長、今日は〈利息の税金〉についてアドバイスしましょう」

「はい」

「普通預金には利息がついているわよね？」

「はい、もともとの残高が少ないので、あまりついていませんが……」

「実は**【預金利息】**は、〈**【所得税】と【利子割】という地方税が差し引かれて入金される**〉のよ」

「えっ、そうなんですか？」

「たとえば１０００円の利息がついた場合には、所得税15％の１５０円、利子割５％の50円が引かれて、８００円が入金されているの」

「なるほど……。利息が８００円入金と処理するんじゃなく、利息を１０００円、所得税１５０円、利子割50円と会計処理をしないといけないんですね」

「会社が受け取った利息は割り返して税込の利息を計算していくんだけど、実はここにも**【復興特別所得税】**が関係してくるの」

「あ〜、前にデザイナーさんなどへ外注するときに復興特別所得税の話がでましたよね？」

「そうね。ちなみに復興特別所得税はいくらだった？」

「たしか所得税の２・１％でした」

「正解。平成25年１月１日以後はこの復興特別所得税がかかることになります。

今の利息の例でいえば、復興特別所得税は15％×２・１％＝０・３１５％となり、もともとの15％と合わせると、１５・３１５％となります。

１０００円×１５・３１５％は１５３円です。

それと、会社としてはすでに税金を払っていることになるので、所得税は法人税から控除、復興所得税は復興法人税から。これはあとで説明するわね。それと地方税は地方税の住民税均等割から控除することができます。小さい金額だけど忘れないで処理してくださいね！」

「やっぱり難しいですぅ～」

「夢子社長は算数が得意だったんでしょ？　割り算と掛け算だから大丈夫よ」

「わかりました。なんとかやってみます」

◆エピソード28　費用をフライングしていいこともある？

「エリカ先生、今、正しく費用を計上しているところです。
電話代や水道光熱費は後払いだけど、3月31日までの分は損金に算入してもいいんですよね？　それはそうとこの家賃ってなんとかなりませんか？　毎月同じ金額だけど、家賃って前払いなので、3月末に支払ったのは4月分なんですよ。なんかいい方法はありませんか？」

「あるわよ！」

「えっ、あるんですか？　無理だと思っていたけど、聞いてみてよかった～」

「会計の原則からいえば、翌期の分の経費は、いったん資産に計上しておいて翌期に経費を計上していくんだけど、**一定の契約に従った継続的なサービスの提供であること、決算から1年以内に経費になること、重要性に乏しい場合に限って、毎期継続して適用するという条件のもとで、支払った期に損金算入（費用計上）することができるの**。これを**【短期前払費用の特例】**といいます。だから4月分の家賃は当期の決算に入れてもいいわよ。その代わり来年以降も継続して同じ処理をしてくださいね」

「は～い、わかりました」

☆チェックポイント

【短期前払費用】

一定の契約に従って継続的にサービスの提供を受けるもので、決算から1年以内に経費になること、重要性に乏しいこと、毎期継続して適用するという条件のもとで、支払った期に損金算入（費用計上）することができるルール。

たとえば、**家賃**、**利息**、**保険料**、**月払いの会費**など。

ただし、会社の事業内容からみて、**原価的要素となるものや重要な営業費用となるものには適用できません。**

◆エピソード29　経費になる税金、経費にならない税金

「決算もいよいよ大詰めね、夢子社長！　今日は法人税の計算をするうえで経費になる税金、経費にならない税金について確認しておくわよ」

「はい」

「まず、わたしとはじめて会ったとき、税金を滞納していたでしょ？　そのときに払った延滞税や延滞金は税務上は当然経費にならないから、法人税の計算をするうえで加算しなければなりません」

「は、はい」

夢子は古傷に触れた気がした。

「経費（損金）になる税金、経費にならない税金を簡単にまとめておきましょう。**（144ページ参照）**大まかなものを書き出したので、頭に叩き込んでおいてね！」

「は、はい！　分かりました」

経費（損金）にならない税金	経費（損金）になる税金
○法人税、都道府県民税及び市町村民税の本税	○酒税、事業税、事業所税
○各種加算税及び各種加算金、延滞税及び延滞金（地方税の納期限の延長に係る延滞金は除きます。）並びに過怠税	○不動産取得税、自動車税、固定資産税、都市計画税等
○罰金及び科料並びに過料	○ゴルフ場利用
○法人税額から控除する所得税及び外国法人税	

◆エピソード30　消費税の集計はＰＣにおまかせ？

「エリカ先生、だいたい決算の数字も固まってきたので、そろそろ消費税の計算をしたいと思っているのですが……」

「そうね。それにしても最近は、会計ソフトが消費税の集計作業をやってくれるからすごく便利になったわね」

「はい。簡易課税とちがって原則課税は預かった消費税だけではなく、払った消費税もすべて集計しなければならないので、手作業でやっていたら大変です」

「でも設定を間違うと間違った集計をしてしまうので気を付けてね。ざっくりと手で計算をしてみるのもいいと思うわ」

「はい」

「それで消費税の計算式は？」

「はい、**預かった消費税から支払った消費税を引きます**」

「わかっているじゃない。預かった消費税の代表的なものは売上。支払った消費税には商品の仕入れや外注費、家賃などがあるわね。ちなみに、今回は〈**税込経理**〉で処理をしたけど、〈**税抜経理**〉で処理すると決算で【**精算仕訳**】をします。これはちょっと難しいので次期以降でやってみましょう」

☆チェックポイント

《税込経理の場合》当期に、

（租税公課）50万円　／（未払消費税）50万円

あるいは実際に支払ったときに、

（租税公課）50万円　（預金）50万円

消費税の精算仕訳

例：試算表で仮払消費税１００万円、仮受消費税が１５０万円だった場合

　納付する消費税が50万円だった場合

《税抜経理の場合》

（仮受消費税）１５０万円　／（仮払消費税）１００万円

（未払消費税）50万円

※端数調整をするときは、雑収入あるいは雑損失を使う。

◆エピソード31　貸倒損失、貸倒引当金の計上

「そういえば夢子社長、取引先が連鎖倒産しそうになって売掛金２００万円が入ってこなかった一件があったわよね」

「はい、あのときは焦りました……。でもあの会社、そこから持ち直してくれてよかったです。

３カ月遅れでしたが、売掛金が全額入金されましたから……」

「それはよかったわ。今日は**【貸倒引当金】**について説明するわね。取引先が倒産して売掛金が回収できないことがはっきりした場合には、貸倒損失として費用に計上しますが、そこまでいかなくても、取引先の状況が厳しいという場合、貸倒引当金を計上していいことになっているの。会社は取引先と、現金取引だけでなく、掛取引や手形取引などの信用取引を行っています。つまり会社は貸倒れのリスクを常に負っているわけね。法人税法にはそのリスクをあらかじめ見積もって費用に計上してもいいというルールがあります。それが貸倒引当金です」

「前に法人会のセミナーで勉強しました。

でも最近改正があったりしてちょっとわからなくなったので、教えてください」

「会社がほかの会社に貸し付けたお金や売掛金などの回収ができなくなったとき、税法では一定の条件のもとに貸倒れ計上を認めているの。一定の条件は、大きく分けると３つあります。

①法律上の貸倒れ、②事実上の貸倒れ、③形式上の貸倒れですが、それぞれの典型例を覚えている?」

「よく覚えていません……」

「では説明します。①法律上の貸倒れとは、**民事再生のように法律的に倒産の手続きに入ったときに認められる貸倒れ**です。②事実上の貸倒れとは、**債務者の財産の状況や支払い能力からみて無理そうだと認められる貸倒れ**。③形式上の貸倒れとは、**債務者と取引をやめてから1年以上経って、売掛債権の総額が取立費用より少なく支払いを督促しても弁済がないときなどに認められる貸倒れ**です」

「へえ~、じゃあ、単に払ってくれないだけでは貸倒れとは認められないんですね」

「そう。税法が認める貸倒れは、回収の見込みがないという可能性がある程度高くないといけないの。それじゃあ、次にいくわよ。貸倒引当金とは将来の貸倒れに備えるためのものです。これはまず損金経理が条件となっていることに注意が必要です。で、貸倒引当金の計算には2つのやり方があります」

「それはどんなやり方ですか?」

「ひとつは**〈個別評価金銭債権による繰入限度額の計算〉**、もうひとつは、**〈一括評価金銭債権による繰入限度額の計算〉**です。前者は、会社更生手続開始(民事再生手続開始)の申立て、破産の申立てがあった場合に、金銭債権のうち、担保でカバーされない部分の50%を引き当てるというもので、ちょっと難しいけど、後者は比較的簡単。こちらは、貸倒実績率を用いて貸倒引当金の額を計算できるの。貸倒実績率は過去３年間の貸倒れの実績から算定していくのよ」

「じゃあ、過去３年、貸倒れの実績がなかったら計上できないのですか？」

「それが、この貸倒実績率には、中小企業については、この貸倒実績率に代えて、業種ごとに定められている法定繰入率を用いて貸倒引当金の計上額を計算することが認められているの。たとえば、卸売業及び小売業（飲食及び料理店業を含む）なら１０００分の10、製造業なら１０００分の８、金融及び保険業なら１０００分の３、割賦販売小売業及び割賦購入あっせん業は１０００分の13、そしてその他の事業は１０００分の６、といった感じよ」

「へえ〜、うちは小売業だから１０００分の10の法定繰入率っていうのを使えるってことになりますね！」

「そういうこと。売掛金が５００万円なら、５万円になるわね。貸倒引当金は税務申告書の書類に明細を記載していく重要なものなの」

☆チェックポイント

貸倒引当金とは、将来の貸倒れに備えて設定するものです。

税法上は一定の条件のもとに損金算入が認められています。

※平成24年4月1日以後に開始する事業年度においては、貸倒引当金制度の適用を受けられる法人が、銀行・保険会社等及び中小法人等に限定。損金経理が条件です。

実際の計算には、個別評価金銭債権による繰入限度額の計算と一括評価金銭債権による繰入限度額の計算があります。

このうち、一括評価金銭債権による繰入限度額の計算は、原則として過去3年間の貸倒れの実績から貸倒実績率を用いて、貸倒引当金の額を計算しますが、中小企業については、先の貸倒実績率に代えて、業種ごとに定められている法定繰入率を用いて貸倒引当金の計上額を計算することが認められています。

○卸売業及び小売業
（飲食及び料理店業を含む）↓１０００分の10
製造業↓１０００分の８
金融及び保険業↓１０００分の３
割賦販売小売業及び割賦購入あっせん業↓１０００分の13
その他の事業↓１０００分の６

◆エピソード32　小さな会社の株主総会
（決算書の確定）

「夢子社長、やっと決算書ができあがったわね。お疲れ様でした」

「エリカ先生、ありがとうございます。これまでは、数代さんや前の顧問税理士さんに決算書を作ってもらって、簡単な説明を受けるだけでした。決算書って本当に日々の積み重ねで出来上がっているものなんですね。

　さあ、ここからいよいよ税務申告書の作成に入るんですね！　よろしくお願いします」

「そうね、決算書は作る過程がわかっているとわかっていないとでは、理解の程度がまったくちがってきます。ところで、決算書は株主総会で承認を受けないと確定しないの。

税務申告書は、確定した決算書に基づいて作成していきます」

「そうでした。でもオーガニックママは出資者がわたしひとりだけの小さな会社です。

　あとで社長室で株主総会を開きます」

「株主総会で決算書が承認されたことを示す議事録を作っておいてくださいね」

「は～い、わかりました！」

◇ひとり会社と株主総会

会社が作った決算書は定時株主総会で承認を受けます。

夢子の会社は出資者が1人の小さな会社ですが、それでも株主総会を開き、決算書が承認されたことを議事録に残しておきます。

税務申告書は、この承認された決算書を元に作成していきます。

これを「**確定決算主義**」といいます。

エピソード33　会社の税金はこうして計算する

世間はゴールデンウィーク真っ盛り。しかし夢子と数代とエリカ3人は、浮かれた気分に浸っている場合ではなかった。やっと決算が確定し、これから税務申告書の作成にとりかかっていくのだ。社長室のテーブルを、夢子と数代、そしてエリカの3人が囲んでいる。

「決算が確定したので、これから税務申告書の作成に入っていきます。

といっても、決算書を完成させていく過程で、ほぼ法人税などの税金の計算も終わっているので、今日は、決算書から税務申告書の書類を作る流れを説明します」

「よろしくお願いします」

「まずは復習です。決算書の利益はどうやってもとめるのでしたか？　夢子社長」

「**収益－費用**で〈**利益**〉を求めます」

「そうね、では法人税の計算は？」

「まず〈**益金－損金**〉で〈**所得**〉を求めます」

夢子が答える様子を微笑みながら見ていた数代が、付け加えた。

「決算書は会社法、法人税は法人税法に沿って計算していきます。両者はそれぞれ目的がちがうので、会社法の利益にそのまま税率をかけて法人税を計算するのではなく、決算書の利益からスタートして法人税法のルールに従って〈所得〉を計算していきます」

「数代さん、完璧です！　数代さんならきっと税理士の資格がとれるわ」

　数代が照れ笑いの表情になる。

「では続けていきますね。決算書の損益計算書をみてください。書類の一番下に**【税引後当期純利益】**という項目がありますね。税務申告書を作るときは、この数字をもとにしていきます。この数字を申告書の**【別表四】**の一番上に記載します」

　エリカは数字の記載されていない【別表四】の紙をふたりに配った。

「この別表四という書類を使って、法人税法のルールにしたがって加算と減算をしていきます。オーガニックママのように比較的小さな規模で経営している会社は、日々の会計処理を税法のルールに従ってしていることが多いので、この書類は1枚で足ります。たとえば、法人税を損金に計上しているときは加算します。交際費は一部損金にならないので、それも加算します。法人税額から控除される所得税も損金経理をしているのでここで加算します。そして別表四の一番最後の行**【所得金額又は欠損金額】**の欄に記載される金額が〈税法上の利益〉となります。この数字を今度は**【別表一】**という書類に書き写して法人税を計算していきます」

「なるほど……、今、別表四と別表一っておっしゃいましたが、ほかにも別表なんとかっていう数字のついた書類があるんですよね」

「そうです。別表は数えたらきりがないくらいたくさんありますが、夢子社長のところで使う

◆法人課税

○中小法人税率の改正 (H24 年 4 月 1 日以後に始業する事業年度について適用)

中小の実効税率約 40% から 36% へ (年所得 8000 万円超部分について)。

※中小法人の年所得 800 万円以下の部分は 20% ちょっととなります。

	現行		改正	
		年 800 万円以下		年 800 万円以下
普通法人	30%	→	25.50%	→
中小法人	30%	22% (18%)	25.50%	19% (15%)
公益法人など、協同組合など (単体) 及び特定の医療法人 (単体)	22%	(18%)	19%	(15%)
協同組合など (連結) 及び特定の医療法人 (連結)	22%	(18%)	20%	(16%)
特定の協同組合等の特例税率 (年 10 億超)	26%		22%	

現行欄の () は H21 年 4 月 1 日～ H24 年 3 月 31 日までの間に終了する事業年度に適用

改正欄の () は H24 年 4 月 1 日～ H27 年 3 月 31 日までの間に終了する事業年度に適用

別表は10枚ちょっとくらいだから大丈夫ですよ」

「10枚というのが少ないのか多いのかわたしにはわかりません。もっと勉強しなきゃ」

「会計も税務申告書も実際の数字を使って勉強するのが一番です。できあがったらもう一度説明しますので……、社長として覚えておきたいのは、書類の書き方よりも、税務上の利益からどうやって法人税などの利益が計算されるかこれを覚えておくと、これから事業計画書を作っていくときなどに役立つと思うわ。法人税の税率は税制改正で以前より引き下げられています。夢子社長のような小さな会社（資本金が1億円以下の中小法人）はさらに低い税率になっているの。表にしたものをもってきたわ」

エリカは二人に1枚のプリントを渡した。

「当期の税務上の利益は１００万円だったわね。**この表（１５５ページ参照）**でみると15%。だから15万円ね。あと、別表一の書類のここを注意してみてちょうだい。右の真ん中あたりに**【翌期へ繰り越す欠損金又は災害損失金】**ってあるでしょ？　なんだかわかりますか？」

「わかるようでわからないです」

「夢子社長の会社は**【青色申告法人】**です。青色申告とは、複式簿記などちゃんとした方法で帳簿を記載し、その記帳から正しい税金を計算する申告のことで、会社の会計をちゃんとする代わりにいろんな特典が認められているんです。そのうちのひとつに、赤字を翌期以降に繰り越しができるというのがあります」

「赤字を繰り越せるってことは、たとえば当期は赤字で、来年が黒字だったら、当期の赤字分を来期の黒字から差し引けるってことですか？」

「そのとおり。ただし、繰越は未来永劫ってわけではないの。これまでは7年間の繰り越しが認められていたんだけど。改正によって９年間に延長されたの。その分、繰越控除限度額が１００分の80相当額となってしまったんだけどね」

「なんだかビミョーな改正ですね」

「それでも中小法人等については現行の控除限度額がそのまま生きてるの」

「結局、わたしたちのような小さな会社はどうなったんですか？」

「今の制度のまま単に９年延長になったということね」

「やった〜！」

「喜ぶような話じゃないわ夢子社長。９年も繰越できる赤字っていったいどんな会社なの？

あまり想像したくないわね」

「確かにそうでした……」

「青色申告の繰越損失に関しては、別表七というところで詳しく記載しなければならないことになっています。じゃあ、ここでちょっと休憩……」

◆エピソード34　復興特別法人税

「前に復興特別所得税の話をしたかと思うけど、**【復興特別法人税】**というのもあるので、ここで説明しておくわね」

「はい、お願いします」

「復興特別法人税は、**《平成24年4月1日から平成27年3月31日内に最初に開始する事業年度開始の日から、同日以後3年を経過するまでの期間内の日に属する事業年度を課税事業年度とする》**となっています。

まあ、夢子社長のところは、当期が平成24年4月1日からの事業年度だから、そっくりこれに該当するわね。で、復興特別法人税の計算方法だけど、その事業年度法人税に100分の10の税率をかけます。だから法人税が15万円の場合は1万5000円ということになるわね。

夢子社長の会社が払う1万5000円は、東日本大震災からの復興のための施策に使われます。

復興支援にはいろんな形があると思うけど、わたしはクライアントの会社の業績をあげて、税金を払うことで復興支援に貢献したいと思っています。会計や税金のコンサルを通じて成功する社長を育てるのが使命だと思っているの」

夢子はちょっとドキッとした。

（以前はあんなに面倒くさくて嫌だった会計や税金の勉強も楽しくてしようがない。エリカ先生は知らず知らずのうちにわたしのやる気を育ててくれたんだ）

「これで法人税の計算も一通り終わったわね。今日は5月15日、申告期限は5月末だから十分間に合うわ。ちなみに2期連続で申告期限を過ぎて申告すると、青色申告を取り消されてしまうから気を付けてね。

さてと、残りはわたしが事務所に帰って申告書にまとめておくわ。夢子社長、本当にお疲れ様でした」

数日後、夢子の会社は無事に税務申告書の提出を終えた。

第四幕　税務署は敵か味方か？

（季節は7月に……）

◆エピソード35　模擬テストは高校生以来？

（あ～、やっと税務申告が終わった～。だけど、決算書の作成や税金の計算、そして資金繰り、社長の仕事がこんなに大変だったとは思わなかった……。エリカ先生がいて本当に助かった。最初会ったときはちょっと怖かったけど、包容力があってやさしくて、一緒にいるとホント楽しい）


「こんにちは、夢子社長！」

　真っ白なジャケットに身を包んでエリカが現れた。

「エリカ先生、今日は白がよくお似合いですね！」

「ありがとう。そういう夢子社長はオレンジの元気カラーが似合っているわ！　さて、今日は、ちょっと変わったコンサルをしてみたいと思います。題して、〈模擬税務調査〉！」

「えっ？　模擬税務調査？　なんですか、それ」

「税務調査の模擬テストです。わたしが税務署の担当官になって税務調査をやります。本番じゃないから〈模擬〉税務調査！」

「税務調査ってまだ先の話じゃないですか」

「そんなことないわよ、オーガニックママも3期が終わって今が4期目。税務調査はいつ来てもおかしくないから、そのときのために練習しておきましょう！」

「なんだかドキドキしてきました。どうかお手柔らかにお願いします」

「税務署は、税務調査しようと思ったら、たいていの場合、顧問税理士に電話をかけてきていました。株式会社オーガニックママさんの税務調査をしたい、ってね。

　平成25年1月1日からは〈書面通知〉をすることになっています。ま、どちらにしろ、基本的には事前通知してくるわ。ただし、夢子社長のところは現金商売もしているから、万が一の場合、突然来ることがあるかもしれないわね。でも安心して、すぐに私が駆けつけるから。調査はふつう2日〜3日かけて行います。内容によっては1日で終わることもあれば、もっと時間がかかることもあるけどね」

　夢子はミネラルウォーターをごくりと飲んだ。

「初日の1時間くらいは担当者が社長とあいさつをして、どんな仕事をしているかインタビューします。そのあとに3年分の総勘定元帳や伝票、固定資産台帳、契約書、領収書、請求書などの書類をチェックしていきますので、これらの書類はあらかじめ用意しておいてくださいね」

「はい、それはもう社長室のここの棚に置いてるので大丈夫です」

「夢子社長の会社は第1期目から青色申告になっているわね。青色申告であるためには帳簿類をいつでもすぐに出せるようにちゃんと管理しておくことも重要です。調査を遅らせようと、のんべんだらりんと帳簿書類を出してると、青色申告を取り消されることもあるから気を付けること。その点、夢子社長は整理整頓ができているから大丈夫ね」

「はい。整理整頓だけは得意なほうですから」

夢子はエリカに本棚を指差して言った。

「時間がないから先にすすめるわね。一通り会社の概略を話したことにしましょう。それでは、夢子社長に聞きます。社長はお忙しくていらっしゃいますが、気分転換などに何か趣味をお持ちですか？」

夢子は、税務担当官に扮したエリカがどうしてそんなことを聞くのかよくわからなかったが、素直に答えた。

「えっ、趣味ですか？　実はわたし、夏はサーフィン、冬はスノーボードをやるんですよ！」

エリカは苦笑いした。

「う〜ん、正直でいいですね。でもちょっと待って。もし夢子社長が税務調査の担当官で、調査先の会社から、夏は沖縄やハワイ、冬は北海道や東北あたりの会社の領収書がたくさん出てきたらどうしますか？」

「個人的に遊びに行った費用を、会社の経費として落としていないかと疑ってしまいます」

「でしょ？　税務署の担当者はお友達じゃないんだから。互いの趣味の話をして打ち解けて、デートに誘うなんてことはありえません。実際にこの手のやり方で疑われた社長もいるのよ。税務調査での質問には必ず意図があるので、十分に注意してね」

「はい。梨下に冠を正さず！　ですね」

「じゃあ、次にいきます。3期は一緒に経理をみてきたので、1期の総勘定元帳を見せてください」

　夢子は分厚いファイルの中から1期目のファイルを取り出してエリカの前に置いた。エリカはそれをパラパラとめくりだした。そして、支払手数料の科目を念入りに調べていった。

「夢子社長、支払手数料として支払っている50万円。これはどんな内容ですか？　それと支払先の方はどんな人ですか？」

「う〜ん、第1期はほとんど自分でやっていないので……ちょっと待ってください。書類で確認してみます」

　夢子はごそごそと契約書や請求書、領収書などを探してみた。すると、領収書が1枚出てきた。

「領収書によりますと、内容はえーと、紹介手数料って書いてあります。たしか1期目は信用がまだなくていろんな仕事や人を紹介してもらいました。経営のアドバイスも受けました。そのときの紹介手数料です」

「では、この人の仕事の本業は経営コンサルタントなんですか？」

「はあ、たぶんそうだと思います」

「ではこの50万円という金額の根拠は？　契約書とか報酬規定とか請求書とかありますか？」

「そこまで詳しくはわかりません」

　夢子はエリカに追及されて焦ってきた。短い沈黙が流れた。

「……という感じで税務署の担当官に質問されたときでも、理路整然と対応をしないといけないわね」

　エリカはそう言って、請求書と契約書を別の書類から取り出してきた。

「ほら、ここにこの方と交わした契約書と請求書があるわよ」

「あ、ほんとだ！」

　エリカは続けて言った。

「たとえ会社が支払手数料だと思っていても、その金額の根拠が明確でない場合には、『これからもいろいろと便宜を図ってください』というお礼の意味合いで渡したと思われてしまいます。そうなると支払手数料じゃなくて、何になると思う？」

「う〜ん、便宜を図ってくれたお礼の意味合いとなると……もしかしたら交際費？」

「そう。交際費に該当する可能性が高くなるわね。そうなると今まで勉強したとおり、支払手数料だったら税務上も経費になるけど、交際費なら一部税務上の経費にならない。損金不算入になれば、税金の計算が変わってくるわよ」

「ええ〜！　それは大変！」

「実際、似たようなケースで領収書しかなかったために交際費として認定されたことがあるわ。第１期や第２期は、夢子社長もこうした細かい取引について詳しくないようね。今度、数代さんも交えて模擬セミナーをするのがいいかもしれないわ。実際の税務調査では、社長や税理士のほか、経理担当者が立ち会うことが多いですから」

「わかりました。数代さんにスケジュールを聞いておきますので、次回どうぞよろしくお願いします」

「では次に、これは質問ではなく、知っておいてほしい話をします。それは**【反面調査】**についてです」

「は、反面調査？　なんですか、それ？」

「税務署が、税務調査の対象となっている会社の取引先などに電話などで内容を確かめたり、直接その会社に行って帳簿などを調べることを言うの。たとえばね」

　といってエリカは、帳簿をパラパラとめくった。

「ほら、たとえばこの外注費の項目に書かれている取引先。ここに電話して、取引内容がこちらの処理と一致しているかどうか確認するわけ。夢子社長の会社で１００万円と書いてあったら、外注先にも同じ金額の売上が発生しているはずよね？　それを調べることを反面調査って言うの」

「なんだか税務署って探偵さんみたいですね……」

「探偵とはちょっとちがうと思うけど、税務署は、常に正しく税金を計算したいと思っているから、税務調査の対象になっている会社の資料だけで不十分なときには、相手先にその資料がないかどうか探しにいくってこと。そうは言っても、取引先に税務署から電話がかかってきたら、取引先もびっくりするわよね？　逆の立場で、夢子社長にある日突然、税務署から取引先のことで問い合わせがあったらどう思う？」

「それはびっくりです！　取引先に何かあったのかなって勘ぐってしまいます」

「とにかく税務調査や反面調査では、へたに隠し立てすると怪しまれるので、どちらの立場に遭遇したとしても、おどおどしたり、怒ったりせず、冷静に対応する必要があります」

「事前にこうして模擬税務調査を受けないで、本当の税務調査に来られたら、きっとものすごく緊張すると思います」

「まあ、誰でも初めての体験だから緊張するわ。だから〈伝説のエリカ先輩〉がついているの。安心して！」

　夢子は、エリカが自分でそのネーミングを言ったのに、思わず笑ってしまった。

「ところで夢子社長、税務調査の結果、処理の誤りを指摘され、会社もそれはそうだなと納得したら、どうなると思いますか？」

「どうなるんですか？」

「すでに提出した申告書を訂正するために、修正申告書を作成して提出することになります」

「ああ、そういえば有名な会社とかで税務調査があって修正申告書を提出したとか、たまにテレビのニュースなんかでやっていますね」

「そうです。これに対して会社が納得しない場合もあるんだけど、そうなるとどうなるでしょう？」

「わかりません」

「税務署が〈**更正**〉といって処分を下します。それに納得がいかなかったら？」

「……」

「会社は、税務署の更正に納得がいかないときには、処分を行った税務署長等に対して〈**異議申立て**〉を行うの。で、その異議申立てに対する決定（**【異議決定】**）があった後の処分に、なお不服があるときは、国税不服審判所長に**【審査請求】**します。

　それでも納得がいかないと、裁判になっていくのよ」

「なるほど、自分の意見が正しいと思ったら正々堂々と主張する方法もあるってことですね。よーくわかりました。

　とにかくわたしは日々会計や税金の勉強に励むことにします」

☆チェックポイント

税務調査は、担当官が社長に話を聞くことから始まります。

調査を受ける際は、とくに青色申告の会社は、総勘定元帳など帳簿類をきちんと備え付けなければなりません。

最初から戦闘態勢で臨むのではなく、聞かれたことに対して誠実に答えるのがよいでしょう。

ただし余計なことを喋ってあとからピンチに陥らないように気を付けましょう。

第五幕　ピンチは神様からの贈り物？

◆エピソード36　税務申告から3カ月後の平成25年9月某日……

「いらっしゃいませ。エリカ先生と夢子社長」

ここは、夢子がエリカのコンサルを受け始めたころ、アツシとミワといっしょにランチを食べたレストラン。オーナーシェフが直々に夢子たちを出迎えてくれる。

シェフは笑顔を浮かべて言った。

「夢子さんの会社から仕入れたオーガニック野菜、すごく好評ですよ。これからもよろしくお願いしますね」

夢子はちょっと照れながら言った。

「それはよかったです。この前開いたうちの会社のパーティーでは参加者からお褒めのことばをいただきました。オーガニック野菜をこんなに上手にアレンジして料理をつくるシェフはすごいって評判でした。わたしの知り合いの会社の社長さんも今後パーティをここで開きたいっておっしゃっていましたのであとでご紹介しますね」

社長業が板についてきた夢子をみて、エリカも微笑んだ。二人は奥のテーブルについた。

椅子に座ってもエリカはずっと笑顔のままだ。

「エリカ先生、なんだかすごくうれしそうですね、なんかいいことありました？」

「すごくいいことがあったわ」

「え、なんですか？　教えてくださいよ」

「それは夢子社長、あなたのことよ」

「わたしですか？　先生に素敵なパートナーでもできたのかと思いましよ」

「今日誘ったのは、夢子社長がこの1年以上ものすごく会社経営を頑張ってきたことと、そして頑張るだけじゃなく社長業も板についてきたので、お祝いのために誘ったんだから……。さっきのシェフとの会話を聞いていて、頼もしくてうれしくなったの」

「褒められると逆に怖くなります……。実はわたしもエリカ先生にひとつ報告があるんです。実は、ヒロシと離婚することにしました」

　エリカは飲もうとしていたワイングラスをテーブルに置いた。

「そうだったの。わたしコンサルをしているときには、あえて家族の話には触れないできたの。人間って感情の生き物だから、思い出すと一瞬にしてその人のことばかり考えてしまってとまらなくなる。だから、コンサルしているときも、今までヒロシさんはどうやって処理していたのかしら？　って言いそうになるのをこらえていたの」

「そうなんですか。気を遣っていただいていたんですね」

　テーブルにあるロウソクの炎をみながら夢子は言った。

「去年、ヒロシがいきなりいなくなったときにはどうしようかと思いました。アッシ先輩を通してエリカ先生を紹介してくださいました。そのあとはもう無我夢中で必死にかけぬけてきました。子育てと仕事の両立、よくワークライフバランスなんていいますが、経営者は労働者じゃないから守ってもらう法律も何もない。何度夜中に泣いたかわかりません。当時はヒロシも恨みました。でもそもそもは会社経営をままごと遊びのようにとらえていたのは私でした。何もかもヒロシに押し付けていたら、そりゃあ、ヒロシだって精神的に追い込まれるのも当然です。要はすべては自分が蒔いた種だったということです。でもこうして助けてくださる方がいてわたしはここまで来ることができた。失ったものもあったけどこうして得たものもある」

「〈ピンチをチャンスに変えた〉わね、今日はあなたにとって真の意味での独立記念日ね」

「独立記念日！　いい言葉ですね。確かに今、わたしは自律して一人で立っているという実感があります。そういえば、最近ミワにもアツシ先輩にも、喋り方がエリカ先生に似ているときがあるって言われるんですよ」

「なら、あなたもセミナー講師ができるわね。実はわたし、これからピンチをチャンスに変えた社長を何人かひきつれて、全国を回ろうと思っているの。夢子社長もそのメンバーに入る資格は十分あるわよ！」

「え、わたしがですか？　ちょっと不安だけど、是非やらせてください。そのためにももっともっと会社の経理と税金の勉強に励みます。エリカ先生、これからもよろしくお願いします」

●エピローグ

いかがでしたか？　新米社長夢子の会社経営奮闘記は……。

本の企画を最初にいただいたのは２０１２年夏の初めでした。

「はじめての人にも会社の税金がわかるような本、それもストーリー形式で書いてくれないか？　できれば主人公は若い女性ということで……」というものでした。

昨今のベストセラーは、女子高生や女子大生などが主人公になるケースが少なくありませんが、わたしがまっさきに思い浮かんだのは「女性社長」でした。

主人公が経営者ですから高校生や大学生よりももう少し上の年代になります。

したがってどんなに若くても20代後半です。

それと同時に、「20代後半だったらいっそのこと、子供もいて夫もいて、そして自分の会社も持っている。そんなアクティブな女性を主人公にするのはどうだろう？　みんなのあこがれの的でキラキラしているけれど、一皮むけば会計や税金のことなど地味なことが苦手な経営者像を描きたいなぁー」というイメージが思い浮かんだのです。

夢子は、その名前のとおり、いつも夢のようにキラキラした人生のステージに立っている、という設定です。だけど舞台裏は地味で面倒くさいことは他人に〝丸投げ〟の依存的な経営者です。まさにカリスマ税理士・エリカに一刀両断された「おままごと経営」をしていました。

人間は「怠慢・依存・丸投げ」をしていると必ず〝報い〟がくるものです。夢子にとって、その報いは〈夫・ヒロシの失踪〉という形で始まります。

夫の失踪がきっかけで、彼女は一転して奈落の底に突き落とされます。

税金の督促状や取引先への支払いの遅延など、本来、会社経営者であれば当然対処しなければいけなかったことでした。しかし、面倒なことはいつも夫のヒロシに丸投げしていました。ヒロシが居なくなったことで、それが一気に夢子の肩に襲いかかってきたのです。

失踪後、頼りになるのは〈経理の数代〉、そう思っていた矢先、数代にも見捨てられてしまいます。まぁ、そんなチャラチャラした経営者を一番快く思っていないのはいつの世でも経理担当者です。夢子ははっきり数代にそう言われて部下に信頼されていなかったことにやっと気が付くのです。

打つ手立てはないのか。そんな四面楚歌の中、助けてくれたのが〈親友のミワ〉と〈大学のゼミの大先輩・アツシ先輩〉でした。そしてミワとアツシ先輩が紹介してくれたのが大学の大先輩、〈伝説のカリスマ税理士・エリカ〉だったのです。

ところがエリカは、ちょっと変わった税理士で、夢子を甘えさせません。時には宿題を出したり、これは自分でやりなさいと夢子を〈コーチング〉していきます。

エリカは、わからないことをしてあげるのが税理士としての本当の役目ではないことを知っているからです。「ヒロシがいなくなったから今度はエリカに頼ればいいや」ということでは依存する相手が変わっただけで、本当の意味での〈問題解決〉にはならないのです。

世間では〈ピンチはチャンス！〉と言われていますが、自分自身が本当に反省して変わろうとしなければ、ピンチはチャンスとはならないのです。

したがって、この本は単なる会社の税金の本だけにとどまらず、〈会社経営者としての在り方〉なり、少し大げさですが〈人生の歩き方〉としても読めるように書きました。

これまでわたしが税理士として見てきた数多くの中小零細企業の社長さんたちの苦悩なりが、本書に登場する夢子・数代・アッシ先輩、親友・ミワの人物像に色濃く影響を与えています。なにより、伝説のカリスマ税理士・エリカは17年間税理士として仕事をしてきた、今のわたしのスタンスが色濃く反映されているのです。だからエリカの名字は「今野《いまの》」なのです。

わたしも税理士になりたての頃は、クライアントさんの要望を何でも叶えていました。

「領収書を整理するのが面倒くさいからやって！」と請われれば、言われるがまま引き受けていました。お金を借りるときに「銀行に一緒についていってほしい」と言われれば一緒について行きました。「売掛金の管理や資金繰りも税理士事務所がやってよ！」とお願いされればこちらが作っていました。〈税理士はクライアントのニーズに応えて親切丁寧に経理や税務のお手伝いをする―〉。それが税理士の仕事だと、〈当時のわたし〉はそう思っていました。

しかしながら、多くの経営者をみてわかったことがあります。

税理士に何でも頼る経営者は何年たっても経営者としては成長していません……。地道にコツコツ、まずは当たり前のことを自らが率先して行うことが会社経営を成功させる秘訣なのです。そのことを、わたし自身、やっと気が付いたのです。社長さんが〈経営者として成長することを助ける〉こと、それが〈本来の税理士の使命〉ではないかと。顧客のニーズを何でも叶える。そんな形ばかりの親切な税理士さんであった自分を強く戒めました。

では、どうすれば経営者は経営者として成長できると思いますか？

そのヒントは〈子育て〉にあると思います。

例えば、子供がボタンをうまくはめられないとき「ママ、パパやって！」と要求されたとします。また子供が転んだとき、「ママ、パパ抱っこして！」と要求されたとします。あるいは「宿題がわからないからママ、パパどっちかやって！」と懇願されたとします。

もしもあなたがお母さん、お父さんだったとしたら子供の要求をすべて叶えますか？

叶えませんよね？

なぜなら子供の要求をすべて叶えてしまうと、子供は何年たってもボタンがはめらず、自分で歩けず、算数の問題が解けないことになり、〈子供の成長そのものをストップ〉させてしまうことになるからです。

まずは自分でボタンをはめようとしたり、自分で起き上がる、宿題も教科書や参考書を調べながら解いてみる、きっと〈あなた〉ならばそんなことをお子さんに促すはずです。そしてどうしてもできないところはフォローしてあげ、次回からは自分でできるように〈コツ〉を教えてあげませんか？

そう考えると本書の新米社長・夢子とカリスマ税理士・エリカの関係は、〈子育て〉とそっくりではないでしょうか？

社長さんの本当のニーズは、今、目の前にある面倒くさい事務処理を他人（税理士）に丸投げすることではありません。会社経営を成功させることです。

会社経営を成功させることによって家族や従業員、取引先など世の中の人を幸せにすること、それが社長さんの本来の目的、ミッションではないでしょうか。

そのためには、地味で面倒くさいことでもコツコツやることが必要になってくるのです。だから、資金繰りは社長が管理すべきなのです。銀行に提出する月次試算表もある程度は自分で作ることができないといけません。

社長さんが会社経営をうまく活かせるための会計や税金の指導をするという方式がわたしの役目ではないかと思い始めたのです。そして本書にもあるようなコンサルティングというかコーチングに近い形に仕事のスタンスを変更したのが数年前のことでした。

以上のような「裏エピソード」を感じながら、もう一度夢子とエリカのストーリーを読んでみるのもよいかと思います。

最後になりましたが、この書籍の企画をしていただいた㈱日本マネージメント・リサーチの宮崎都美夫専務取締役、林譲司取締役部長、そしてベストブックの千葉弘志社長をはじめ全国の商工会議所や法人会に、わたしのセミナーを企画営業してくださっている㈱日本マネージメント・リサーチの社員の皆様に感謝を申し上げます。

また専門家の観点から内容及び数字などの校正をしてくださった税理士の佐藤清生先生、税理士の山口京美先生、税理士の石橋文先生、税理士の山同葉子先生、公認会計士の市川恭子先生、公認会計士の松田眞理先生に感謝いたします。

平成24年10月　レインボーブリッジの夜景が映る書斎より

税理士　冨永英里

〈巻末資料〉

決　算　報　告　書

（第 3 期）

自　平成24年 4月 1日
至　平成25年 3月31日

株式会社オーガニックママ

貸借対照表

平成25年 3月31日 現在

株式会社オーガニックママ　　　　(単位：　円)

資産の部		負債の部	
科目	金額	科目	金額
【流動資産】	14,740,205	【流動負債】	8,379,700
現金及び預金	7,330,205	買掛金	3,000,000
売掛金	4,000,000	短期借入金	1,201,000
貸倒引当金	-40,000	未払金	2,727,000
商品	3,000,000	未払費用	400,000
前払費用	300,000	未払法人税等	308,700
仮払金	150,000	未払消費税等	593,000
【固定資産】	5,668,659	預り金	150,000
【有形固定資産】	4,538,659	【固定負債】	1,200,000
建物附属設備	3,901,500	長期借入金	1,200,000
工具器具備品	637,159	負債の部合計	9,579,700
【投資その他の資産】	1,130,000	純資産の部	
差入保証金	1,000,000	【株主資本】	10,829,164
長期前払費用	130,000	資本金	10,000,000
		利益剰余金	829,164
		その他利益剰余金	829,164
		繰越利益剰余金	829,164
		純資産の部合計	10,829,164
資産の部合計	20,408,864	負債及び純資産合計	20,408,864

損　益　計　算　書

自　平成24年 4月 1日
至　平成25年 3月31日

株式会社オーガニックママ　　　　（単位：　　円）

科　目	金　額	
【売上高】		
売上高	60,000,000	
売上高合計		60,000,000
【売上原価】		
期首商品棚卸高	3,000,000	
当期商品仕入高	36,000,000	
合計	39,000,000	
期末商品棚卸高	3,000,000	
売上原価		36,000,000
売上総利益金額		24,000,000
【販売費及び一般管理費】		
役員報酬	6,000,000	
給料手当	3,600,000	
雑給	2,360,000	
賞与	720,000	
法定福利費	1,164,400	
外注費	500,000	
広告宣伝費	451,500	
接待交際費	2,665,850	
会議費	242,000	
旅費交通費	550,000	
通信費	252,000	
消耗品費	327,900	
水道光熱費	252,000	
新聞図書費	200,000	
諸会費	120,000	
支払手数料	72,500	
地代家賃	1,800,000	
保険料	50,000	
租税公課	631,000	
減価償却費	810,886	
長期前払費用償却	60,000	
繰延資産償却	300,000	
貸倒引当金繰入額	40,000	
雑費	30,000	
販売費及び一般管理費合計		23,200,036
営業利益金額		799,964
【営業外収益】		

科　　目	金　　額	
受　取　利　息	5,000	
営業外収益合計		5,000
【営業外費用】		
支　払　利　息	60,000	
営業外費用合計		60,000
経常利益金額		744,964
【特別利益】		
貸倒引当金戻入額	40,000	
特別利益合計		40,000
税引前当期純利益金額		784,964
法人税・住民税及び事業税		308,700
当期純利益金額		476,264

株主資本等変動計算書

自 平成24年 4月 1日
至 平成25年 3月31日

株式会社オーガニックママ　　(単位：　円)

【株主資本】

資本金	当期首残高		10,000,000
	当期末残高		10,000,000
利益剰余金			
その他利益剰余金			
繰越利益剰余金	当期首残高		352,900
	当期変動額	当期純利益金額	476,264
	当期末残高		829,164
利益剰余金合計	当期首残高		352,900
	当期変動額		476,264
	当期末残高		829,164
株主資本合計	当期首残高		10,352,900
	当期変動額		476,264
	当期末残高		10,829,164
純資産の部合計	当期首残高		10,352,900
	当期変動額		476,264
	当期末残高		10,829,164

FB0107

別表一(一) 普通法人(特定の医療法人を除く。)、一般社団法人等及び人格のない社団等の分……平二十四・四・一以後終了事業年度分

税務署受付印	平成　年　月　日　税務署長殿
納税地	東京都芝浦＊－＊－＊ 電話（03　）＊＊＊＊－＊＊＊＊
(フリガナ)	カブシキガイシャオーガニックママ
法人名	株式会社オーガニックママ
(フリガナ)	ホシノユメコ
代表者自署押印	星野夢子　印
代表者住所	東京都芝浦＊－＊－＊

所管 / 業種目 / 概況書 / 要否 / 別表等	
事業種目	オーガニック商品の小売
期末現在の資本金の額又は出資金の額	10,000,000円　非中小法人等
同非区分	特定同族会社 / 同族会社（○） / 非同族会社
一般社団・財団法人の区分	非営利型法人 / 普通法人
経理責任者自署押印	実野数代　印
旧納税地及び旧法人名等	
添付書類	貸借対照表、損益計算書、株主(社員)資本等変動計算書又は損益金処分表、勘定科目内訳明細書、事業概況書、組織再編成に係る契約書等の写し、組織再編成に係る移転資産等の明細書

※税務署処理欄	
[redacted]	一連番号
整理番号	
事業年度(至)	年　月　日
売上金額	兆　十億　百万
申告年月日	年　月　日
申告区分 / 庁指定 / 局指定 / 指導等 / 区分	
通信日付印 / 確認印 / 省略	年　月　日

翌年以降送付要否	要	○	否	
適用額明細書提出の有無	有	○	無	

平成24年04月01日
事業年度分の　確　定　申告書
平成25年03月31日
（中間申告の場合の計算期間　平成　年　月　日　平成　年　月　日）

税理士法第30条の書面提出有		税理士法第33条の2の書面提出有	

項目	番号	金額（円）
所得金額又は欠損金額（別表四「48の①」）	1	1000000
法人税額 (36)又は(37)	2	150000
法人税額の特別控除額	3	
差引法人税額 (2)－(3)	4	150000
連結納税の承認を取り消された場合等における既に控除された法人税額の特別控除額の加算額	5	
土地譲渡利益金　課税土地譲渡利益金額	6	000
同上に対する税額 (38)＋(39)＋(40)＋(41)	7	
留保金　課税留保金額（別表三(一)「39」）	8	000
同上に対する税額（別表三(一)「47」）	9	
		00
法人税額計 (4)＋(5)＋(7)＋(9)	10	150000
仮装経理に基づく過大申告の更正に伴う控除法人税額	11	
控除税額（((10)－(11))と(44)のうち少ない金額）	12	750
差引所得に対する法人税額 (10)－(11)－(12)	13	149200
中間申告分の法人税額	14	00
差引確定法人税額 (13)－(14)（中間申告の場合はその税額とし、マイナスの場合は、(17)へ記入）	15	149200
この申告による還付金額　所得税額等の還付金額 (46)	16	
中間納付額 (14)－(13)	17	
欠損金の繰戻しによる還付請求税額	18	外
計 (16)＋(17)＋(18)	19	外
この申告が修正申告である場合　この申告前の　所得金額又は欠損金額	20	
課税土地譲渡利益金額	21	
課税留保金額	22	
法人税額	23	
還付金額	24	外
この申告により納付すべき法人税額又は減少する還付請求税額	25	外　00
欠損金又は災害損失金等の当期控除額	26	
翌期へ繰り越す欠損金又は災害損失金（別表七(　)「5の合計」）	27	
この申告が修正申告である場合のこの申告前の　欠損金又は災害損失金等の当期控除額	28	
翌期へ繰り越す欠損金又は災害損失金	29	
法人税額の計算　中小法人等の場合　(1)の金額又は800万円×12/12相当額のうち少ない金額	30	1000000
(1)のうち年800万円相当額を超える金額 (1)－(30)	31	000
所得金額(1) (30)＋(31)	32	1000000
中小法人等以外の法人の場合　所得金額(1)	33	000
(30)の15%相当額	34	150000
(31)の25.5%相当額	35	
法人税額 (34)＋(35)	36	150000
法人税額 ((33)の25.5%相当額)	37	
土地譲渡税額の内訳　土地譲渡税額（別表三(二)「27」）	38	0
同上（別表三(二の二)「28」）	39	0
土地譲渡税額（別表三(三)「23」）	40	00
同上（別表三(四)「15」）	41	
控除税額の計算　所得税の額（別表六(一)「6の③」）	42	750
外国税額（別表六(二)「21」）	43	
計 (42)＋(43)	44	750
控除した金額 (12)	45	750
控除しきれなかった金額 (44)－(45)	46	0
剰余金・利益の配当（剰余金の分配）の金額	47	

還付を受けようとする金融機関等	銀行・金庫・組合・農協・漁協　本店・支店・出張所・本所・支所　預金　郵便局名等
口座番号	ゆうちょ銀行の貯金記号番号　－
※税務署処理欄	

残余財産の最後の分配又は引渡しの日	平成　年　月　日	決算確定の日	平成25年05月15日

法 0301-0101

税理士署名押印	今野エリカ税理士事務所　税理士　今野エリカ　印

FB5010

別表一　各課税事業年度の復興特別法人税に関する申告書……平二十四・四・一以後開始課税事業年度分

税務署受付印	平成　年　月　日　税務署長殿
納税地	東京都芝浦＊－＊－＊　電話（03　）＊＊＊＊－＊＊＊＊
（フリガナ）	ｶﾌﾞｼｷｶﾞｲｼｬｲｰｶﾞﾆｯｸﾏﾏ
法人名	株式会社オーガニックママ
（フリガナ）	ホシノユメコ
代表者自署押印	星野夢子　㊞
代表者住所	東京都芝浦＊－＊－＊
経理責任者自署押印	実野数代　㊞
旧納税地及び旧法人名等	

※税務署処理欄	
一連番号	
連結グループ整理番号	
整理番号	
申告年月日	年　月　日
申告区分	庁指定　局指定　指導等　区分
通信日付印	年　月　日
確認印	

平成 24 年 04 月 01 日
平成 25 年 03 月 31 日
課税事業年度分の復興特別法人税申告書（　　　）

税理士法第30条の書面提出有		税理士法第33条の2の書面提出有	

項目		金額（十億・百万・千・円）
課税標準法人税額 ((15)又は0)	1	150,000
復興特別法人税額 (1)×10％	2	15,000
控除税額 (16)＋(18)	3	
差引この申告により納付すべき復興特別法人税額 (2)－(3)	4	15,000
この申告による還付金額 (20)	5	

この申告が修正申告である場合　この申告前の		金額（十億・百万・千・円）
課税標準法人税額	6	000
控除税額	7	
復興特別法人税額	8	
還付金額	9	
この申告により納付すべき復興特別法人税額 (((4)－(8))若しくは((4)＋(9))又は((9)－(5)))	10	00

課税標準法人税額等の計算

課税標準法人税額の計算			金額（十億・百万・千・円）
基準法人税額の計算	法人税額（法人税申告書別表一(一)「2」、別表一(二)「2」、別表一(三)「2」、別表一の二(一)「2」、別表一の二(二)「2」又は別表一の二(三)「2」）	11	150,000
	法人税額の特別控除額（法人税申告書別表一(一)「3」、別表一(二)「3」、別表一(三)「3」、別表一の二(一)「3」、別表一の二(二)「3」又は別表一の二(三)「3」）	12	
	連結納税の承認を取り消された場合等における既に控除された法人税額の特別控除額の加算額（法人税申告書別表一(一)「5」、別表一(二)「5」、別表一(三)「5」、別表一の二(一)「5」、別表一の二(二)「5」又は別表一の二(三)「5」）	13	
	基準法人税額 (11)－(12)＋(13)	14	150,000
	課税標準法人税額 ((14)又は((14)×―))	15	150,000

控除税額の計算		金額（十億・百万・千・円）
外国税額の控除額（別表三「11」又は「19」）	16	
復興特別所得税の額（別表二「6の③」）	17	
復興特別所得税の控除額 (((2)－(16))と(17)のうちいずれか少ない金額)	18	
控除した金額 (3)	19	
控除しきれなかった復興特別所得税の額 (17)－(18)	20	

残余財産の最後の分配又は引渡しの日	平成　年　月　日

還付を受けようとする金融機関等	
銀行・金庫・組合・農協・漁協	本店・支店・出張所・本所・支所　預金
郵便局名等	
口座番号	ゆうちょ銀行の貯金記号番号　－
※税務署処理欄	

税理士署名押印	今野エリカ税理士事務所　税理士　今野エリカ　㊞

別表四(簡易様式) 平二十四・四・一以後終了事業年度分

所得の金額の計算に関する明細書(簡易様式)

事業年度	24・4・1 25・3・31	法人名	株式会社オーガニックママ

区分			総額 ①	処分 留保 ②	処分 社外流出 ③	
			円	円		円
当期利益又は当期欠損の額		1	476,264	476,264	配当	
					その他	
加算	損金経理をした法人税及び復興特別法人税(附帯税を除く。)	2				
	損金経理をした道府県民税(利子割額を除く。)及び市町村民税	3				
	損金経理をした道府県民税利子割額	4				
	損金経理をした納税充当金	5	308,700	308,700		
	損金経理をした附帯税(利子税を除く。)、加算金、延滞金(延納分を除く。)及び過怠税	6			その他	
	減価償却の償却超過額	7				
	役員給与の損金不算入額	8			その他	
	交際費等の損金不算入額	9	266,586		その他	266,586
		10				
		11				
		12				
	小計	13	575,286	308,700		266,586
減算	減価償却超過額の当期認容額	14				
	納税充当金から支出した事業税等の金額	15	52,300	52,300		
	受取配当等の益金不算入額(別表八(一)「14」又は「29」)	16			※	
	外国子会社から受ける剰余金の配当等の益金不算入額(別表八(二)「13」)	17			※	
	受贈益の益金不算入額	18			※	
	適格現物分配に係る益金不算入額	19			※	
	法人税等の中間納付額及び過誤納に係る還付金額	20				
	所得税額等及び欠損金の繰戻しによる還付金額等	21			※	
		22				
		23				
		24				
	小計	25	52,300	52,300	外 ※	0 0
仮計 (1)+(13)−(25)		26	999,250	732,664	外 ※	0 266,586
寄附金の損金不算入額(別表十四(二)「24」又は「40」)		27			その他	
法人税額から控除される所得税額及び復興特別法人税額から控除される復興特別所得税額(別表六(一)「6の③」+復興特別法人税申告書別表二「6の③」)		31	750		その他	750
税額控除の対象となる外国法人税の額等(別表六(二の二)「10」−別表十七(二の二)「39の計」)		32			その他	
合計 (26)+(27)+(31)+(32)		35	1,000,000	732,664	外 ※	0 267,336
契約者配当の益金算入額(別表九(一)「13」)		36				
非適格合併又は残余財産の全部分配等による移転資産等の譲渡利益額又は譲渡損失額		38			※	
差引計 (35)+(36)+(38)		39	1,000,000	732,664	外 ※	0 267,336
欠損金又は災害損失金等の当期控除額(別表七(一)「4の計」+(別表七(二)「11」若しくは「23」又は別表七(三)「10」))		40	△		※	△
総計 (39)+(40)		41	1,000,000	732,664	外 ※	0 267,336
新鉱床探鉱費又は海外新鉱床探鉱費の特別控除額(別表十(四)「40」)		42	△		※	△
残余財産の確定の日の属する事業年度に係る事業税の損金算入額		47	△	△		
所得金額又は欠損金額		48	1,000,000	732,664	外 ※	0 267,336

法 0301－0402

(簡)

05006A21

受付印

第六号様式（提出用）

平成　年　月　日	殿
法人税の平成　年　月　日の	申告・修正・更正・決定・再更正による。
所在地	東京都芝浦＊－＊－＊（電話　03　＊＊＊＊局　＊＊＊＊番）
（ふりがな）	カブシキガイシャオーガニックママ
法人名	株式会社オーガニックママ
（ふりがな）	ほしのゆめこ
代表者自署押印	星野夢子
経理責任者自署押印	実野数代
事業種目	オーガニック商品の小売
期末現在の資本金の額又は出資金の額（解散日現在の資本金の額又は出資金の額）	10000000
同上が1億円以下の普通法人のうち中小法人等に該当しないもの	非中小法人等
期末現在の資本金等の額又は連結個別資本金等の額	10000000

平成 24 年 4 月 1 日から平成 25 年 3 月 31 日までの事業年度分又は連結事業年度分の都民税・事業税・地方法人特別税の確定申告書

（事業税）

摘要		課税標準	税率（/100）	税額
所得金額総額 (70)－(71)又は別表5(55)	(33)	1000000		
年400万円以下の金額	(34)	1000000	2.70	27000
年400万円を超え年800万円以下の金額	(35)	000	4.00	00
年800万円を超える金額	(36)	000	5.30	00
計 (34)+(35)+(36)	(37)	1000000		27000
軽減税率不適用法人の金額	(38)	000	5.30	00
付加価値額総額	(39)			
付加価値額	(40)	000		00
資本金等の額総額	(41)			
資本金等の額	(42)	000		00
収入金額総額	(43)			
収入金額	(44)	000		00
合計事業税額 (37)+(40)+(42)+(44)又は(38)+(40)+(42)+(44)	(45)			27000
仮装経理に基づく事業税額の控除額	(46)			
既に納付の確定した当期分の事業税額	(47)			00
租税条約の実施に係る事業税額の控除額	(48)			
この申告により納付すべき事業税額 (45)－(46)－(47)－(48)	(49)			27000
(49)の内訳　所得割	(50)	27000		
付加価値割	(51)			00
資本割	(52)	00		
収入割	(53)			00
(49)のうち見込納付額	(54)			
差引 (49)－(54)	(55)			27000

（地方法人特別税）

摘要		課税標準	税率（/100）	税額
(58)の内訳　所得割に係る地方法人特別税額	(56)	27000	81	21800
収入割に係る地方法人特別税額	(57)	00		00
合計地方法人特別税額 (56)+(57)	(58)			21800
仮装経理に基づく地方法人特別税額の控除額	(59)			
既に納付の確定した当期分の地方法人特別税額	(60)			00
租税条約の実施に係る地方法人特別税額の控除額	(61)			
この申告により納付すべき地方法人特別税額 (58)－(59)－(60)－(61)	(62)			21800
(62)のうち見込納付額	(63)			
差引 (62)－(63)	(64)			21800

※処理事項（記載しないでください）

所得金額の計算の内訳		
所得金額（法人税の明細書（別表4）の(35)）又は個別所得金額（法人税の明細書（別表4の2付表）の(44)）	(65)	1000000
加算　損金の額又は個別帰属損金額に算入した所得税額	(66)	
加算　損金の額又は個別帰属損金額に算入した海外投資等損失準備金勘定への繰入額	(67)	
減算　益金の額又は個別帰属益金額に算入した海外投資等損失準備金勘定からの戻入額	(68)	
減算　外国の事業に帰属する所得以外の所得に対して課された外国法人税額	(69)	
仮計 (65)+(66)+(67)－(68)－(69)	(70)	1000000
繰越欠損金額等若しくは災害損失金額又は債務免除等があった場合の欠損金額等の当期控除額	(71)	
法人税の所得金額（法人税の明細書（別表1）の(48)）又は個別所得金額（法人税の明細書（別表4の2付表）の(86)）	(72)	1000000
法第15条の4の徴収猶予を受けようとする税額	(73)	

決算確定の日	平成25年　5月　15日
解散の日	平成　年　月　日
残余財産の最後の分配又は引渡しの日	平成　年　月　日
申告期限の延長の処分（承認）の有無	事業税　有・無　法人税　有・無
法人税の申告書の種類	青色（丸で囲む）・その他
この申告が中間申告の場合の計算期間	平成　年　月　日から　平成　年　月　日まで
法人税の当期の確定税額又は連結法人税個別帰属支払額	149,200円
翌期の中間申告の要否	要・否（丸で囲む）
国外関連者の有無	有・無

（都民税）

摘要		税額
（使途秘匿金税額等）法人税法の規定によって計算した法人税額	①	150000
試験研究費の額に係る法人税額の特別控除額	②	
国際戦略総合特別区域及び常用者の数の増加に係る法人税額の特別控除額	③	
還付法人税額等の控除額	④	
退職年金等積立金に係る法人税額	⑤	
課税標準となる法人税額又は個別帰属法人税額 ①+②+③－④+⑤	⑥	150000
2以上の道府県に事務所又は事業所を有する法人における課税標準となる法人税額又は個別帰属法人税額	⑦	000
法人税割額（⑥又は⑦×/100）	⑧	25950
外国の法人税等の額の控除額	⑨	
仮装経理に基づく法人税割額の控除額	⑩	
利子割額の控除額（控除した金額㉙）	⑪	250
差引法人税割額 ⑧－⑨－⑩－⑪	⑫	25700
既に納付の確定した当期分の法人税割額	⑬	00
租税条約の実施に係る法人税割額の控除額	⑭	
既還付請求利子割額が過大である場合の納付額（㉜）	⑮	00
この申告により納付すべき法人税割額 ⑫－⑬－⑭+⑮	⑯	25700
均等割額　算定期間中において事務所等を有していた月数	⑰	12月
均等割額　円×⑰/12	⑱	70000
均等割額　既に納付の確定した当期分の均等割額	⑲	00
均等割額　この申告により納付すべき均等割額 ⑱－⑲	⑳	70000
この申告により納付すべき都民税額 ⑯+⑳	㉑	95700
㉑のうち見込納付額	㉒	
差引 ㉑－㉒	㉓	95700
東京都に申告する場合の⑧の計算　特別区分の課税標準額	㉔	150000
同上に対する税額 ㉔×/100	㉕	25950
市町村分の課税標準額	㉖	000
同上に対する税額 ㉖×/100	㉗	
利子割額に関する計算　利子割額（控除されるべき額）	㉘	250
控除した金額（⑧－⑨－⑩と㉘のうち少ない額）	㉙	250
控除することができなかった金額 ㉘－㉙	㉚	
既に還付を請求した利子割額	㉛	
既還付請求利子割額が過大である場合の納付額 ㉛－㉚（⑮）	㉜	

利子割還付額の均等割への充当　□希望する　□希望しない

還付請求		
中間納付額	(74)	
利子割額	(75)	
還付を受けようとする金融機関及び支払方法	金融機関名　支店名　預金種目　口座番号	

関与税理士署名押印	今野エリカ税理士事務所 税理士　今野エリカ （電話03　＊＊＊＊局　＊＊＊＊番）

【著者プロフィール】

冨永《とみなが》英里《えり》（税理士／事業再生・経営コーチ）

立教大学大学院法学研究科博士前期課程民刑事法専攻修了。平成7年税理士登録。平成10年税理士事務所独立開業、税理士業とともに、起業・ベンチャー企業のサポートを始める。一見「税理士に見えない」その強烈なキャラクターは会う人を元気にさせ、多くのファンを持つ。「トクする会社の作り方」など会社経営・税金など著作も多数（本書が20冊目となる）。また研修会社、㈱日本マネージメント・リサーチ登録講師として全国の商工会議所や法人会にて、成功する社長の経営哲学「税理士は見た！成功する社長と失敗する社長はココが違う！」など講演活動も多数行っている。社長へのメンタルコーチング、会社経営の実践コンサルと自己啓発が同時に学べる「冨永塾」、さらに女性士業による事業再生の組織、ＬＬＰ「なでしこ戦略研究所」を設立、税理士の枠を超えて多方面で活躍している。

わたしのミッション：「愛と絆」を会社経営と人生にも活かし、出逢ったすべての人たちが「幸せ」「裕福」そして「笑顔」になり、その輪を広げること。

新米社長・夢子
ゼロからはじめる会社の税務

2012年11月30日　第1刷

著　者　冨　永　英　里
発行者　千　葉　弘　志
発行所　株式会社　ベストブック
〒106-0041　東京都港区麻布台3-1-5
日ノ樹ビル5階
電話03（3583）9762（代）
印刷・製本　中央精版印刷
ISBN978-4-8314-0178-6 C0034